制造业建圈强链
——高质量发展的成都实践

成都市工业经济和信息化研究院 编

四川大学出版社

图书在版编目（CIP）数据

制造业建圈强链：高质量发展的成都实践 / 成都市工业经济和信息化研究院编. — 成都：四川大学出版社，2024.6
ISBN 978-7-5690-6743-9

Ⅰ.①制… Ⅱ.①成… Ⅲ.①制造工业－产业发展－研究－成都 Ⅳ.①F426.4

中国国家版本馆CIP数据核字（2024）第072982号

书　　名：	制造业建圈强链——高质量发展的成都实践
	Zhizaoye Jianquan Qianglian——Gaozhiliang Fazhan de Chengdu Shijian
编　　者：	成都市工业经济和信息化研究院

选题策划：	梁　平　杨　果
责任编辑：	梁　平
责任校对：	李　梅
装帧设计：	裴菊红
责任印制：	王　炜

出版发行：	四川大学出版社有限责任公司
	地址：成都市一环路南一段24号（610065）
	电话：（028）85408311（发行部）、85400276（总编室）
	电子邮箱：scupress@vip.163.com
	网址：https://press.scu.edu.cn
印前制作：	四川胜翔数码印务设计有限公司
印刷装订：	四川华龙印务有限公司

成品尺寸：	185 mm×260 mm
印　　张：	14.25
字　　数：	278千字
版　　次：	2024年6月 第1版
印　　次：	2024年6月 第1次印刷
定　　价：	89.00元

本社图书如有印装质量问题，请联系发行部调换

版权所有　◆　侵权必究

扫码获取数字资源

四川大学出版社
微信公众号

《制造业建圈强链——高质量发展的成都实践》编委会

主　　编	王福平　严　俊　刘　爽
副 主 编	张远岗　严　苗　瞿　伟　成小梅　陈　杰
参与撰写者	（以姓氏笔画为序）
	成小梅　严　苗　严　俊　李雪霖　杨　存
	杨　琴　杨　勤　余海东　陈红君　陈秋慧
	胡　岩　张远岗　贺千耘　陈　杰　高　芸
	高　辉　章静伟　寇熙正　舒　兵　谢雪梅
	蒲　玉　谭永旺　熊雪朋　瞿　伟
特邀专家	盛　毅　戴　宾　曹茜芮　李媛恒　裴　宇

前言

制造业是实体经济的基础，做大做优做强制造业已成为提升城市发展质量、赢得竞争主动、维护经济安全的关键所在。

制造业是立城之本、兴市之要。为更好服务国家战略全局和全省发展大局，成都提出实施产业建圈强链，明确精准发力、扎实推进，以重点产业链为工作主线，稳定供应链、配置要素链、培育创新链、提升价值链，打造一批具有比较竞争优势、"根植性"和国际竞争力强、绿色低碳可持续的重点产业集群，进一步增强产业生态集聚力、产业链建构力、高端要素运筹力。围绕产业建圈强链，成都市委明确了"6个1"工作机制、"八个清"工作要求、"5+N"产业生态体系构建等要求，在制造业及新经济领域确定了17个重点产业链，予以重点发展。截至2022年底，成都电子信息产业规模突破1万亿元，获批国家先进制造业集群3个、国家战略性新兴产业集群2个，国家制造业创新中心实现"零"的突破，被国务院评为"国家建设信息基础设施和推进产业数字化成效明显城市"，获批全国首批"产业链供应链生态体系建设试点城市"。

站在奋力谱写中国式现代化成都篇章的新征程上，聚焦制造业，坚定不移推进产业建圈强链，加快构建竞争优势突出的现代产业体系，是成都抢抓时代机遇，实现高质量发展，主动服务国家战略的发展要求。在成都市经济和信息化局成都市新经济发展委员会的指导下，成都市工业经济和信息化研究院组织编写了《制造业建圈强链——高质量发展的成都实践》，对成都制造业建圈强链总体情况进行梳理，分析重点产业链条现状，谋划未来发展方向，总结凝练发展经验，邀请专家建言献策。

全书共分综合篇、重点产业链篇、典型案例篇和专题研究篇四篇。

综合篇共四章，包括建圈强链提出背景、城市探索、总体设计和主要成效。

重点产业链篇共十七章，包括集成电路、新型显示、高端软件、智能终端、工业互联网、卫星互联网、航空发动机、工业无人机、创新药、高端医疗器械、轨道交通、新能源汽车、车载智能系统、新型材料、绿色食品、大数据、人工智能十七个产业，系统分析了产业链建设情况、建设成效和未来发展方向，按照"八个清"工作要求绘制了产业链全景图。

典型案例篇共五个案例，包括"链主+配套"企业合作（新都"小核心、大协作"模式）、跨行政区合作（天府国际生物城）、创新平台打造（国家超高清视频创新中心）、重大项目合作（高新郫都成都智算中心）、产业生态营造（青白江中试产业集群）等先进案例，从解决问题、亮点举措、取得成效等方面进行了分析。

专题研究篇由赛迪研究院、中国信息通信研究院等国家高端智库专家，省内知名专家，以及成都市工业经济和信息化研究院专家撰写，提出意见建议，助力全市制造业建圈强链。

本书力求全面、客观反映成都制造业建圈强链现状，谋划未来方向，总结发展经验，"借智借力"谋发展，希望能够为政府部门决策提供参考。在此，特别感谢成都市经济和信息化局成都市新经济发展委员会的指导，专家学者提供的帮助，相关领导和同志给予的支持！鉴于建圈强链涉及领域广、热点问题多，书中难免有欠妥和不足之处，欢迎大家批评指正。

编委会

目录

第一篇 综合篇
- 第一章 背景考量 3
- 第二章 城市探索 6
- 第三章 总体设计 11
- 第四章 主要成效 20

第二篇 重点产业链篇
- 第五章 集成电路产业链 27
- 第六章 新型显示产业链 35
- 第七章 高端软件产业链 42
- 第八章 智能终端产业链 51
- 第九章 工业互联网产业链 58
- 第十章 卫星互联网产业链 66
- 第十一章 航空发动机产业链 73
- 第十二章 工业无人机产业链 80
- 第十三章 创新药产业链 86
- 第十四章 高端医疗器械产业链 94
- 第十五章 轨道交通产业链 102
- 第十六章 新能源汽车产业链 109
- 第十七章 车载智能系统产业链 116
- 第十八章 新型材料产业链 123
- 第十九章 绿色食品产业链 129

  第二十章 大数据产业链 ……………………………………………… 137
  第二十一章 人工智能产业链 …………………………………………… 145

第三篇 典型案例篇
  案例一 链主+配套企业合作：新都"小核心、大协作"模式 …………… 155
  案例二 跨行政区合作：天府国际生物城 ………………………………… 160
  案例三 创新平台打造：国家超高清视频创新中心 ……………………… 164
  案例四 重大项目合作：高新郫都成都智算中心 ………………………… 167
  案例五 产业生态营造：青白江中试产业集群 …………………………… 171

第四篇 专题研究篇
  我国产业链供应链面临形势、现状问题和对策建议 ……………………… 177
  对先进制造业集群培育的认识和发展思路建议 …………………………… 182
  建圈强链营造成都未来产业发展生态 ……………………………………… 188
  深入认识和把握产业链的特点和规律，以"1+5"模式推进产业建圈强链 …… 196
  探索构建以产业链为基础的多链融合研究模型 …………………………… 199
  关于精准"链主"选择和培育，推动产业建圈强链的思考 ……………… 210

参考文献 ……………………………………………………………………… 217
后 记 ……………………………………………………………………… 218

第一篇
Chapter 1
综合篇

第一章
背景考量

产业是城市经济发展的根基与命脉。进入新发展阶段，成都产业发展所面临的新形势和新要求正发生深刻变化。为更好肩负国家使命、顺应产业变革趋势、满足市民期待，成都市委提出大力实施产业建圈强链行动，精准分析、系统集成、重点发力，进一步增强产业生态集聚力、产业链建构力、高端要素运筹力，推动产业降成本、增质效、促转型、提能级，为城市整体发展提供持续动能。

第一节 面临百年未有之大变局的主动作为

面临百年未有之大变局，国际产业分工格局面临深刻调整与重构。世界各国普遍更加重视产业链供应链安全，全球产业链呈现区域化、分散化趋势，供应链出现短链条、本地化、近岸采购趋势，以北美、欧洲、亚洲三大区域制造业中心和消费市场为主体的区域布局进一步强化。我国制造业发展的外部环境更趋复杂严峻，不稳定、不确定性因素明显增加，发达国家纷纷实施"再工业化"战略，强化制造业创新，推动"高端回流"；发展中国家也在加快谋划和布局，积极参与全球产业再分工，塑造"中低端"竞争优势。习近平总书记指出，"产业链、供应链在关键时刻不能掉链子，这是大国经济必须具备的重要特征"[1]。这体现了发展战略转型的内涵，适应了国际环境变化的时代特点，是我们积极应对经贸摩擦、世界经济不确

---

[1] 习近平：《国家中长期经济社会发展战略若干重大问题》，《求是》，2020年第21期，第6页。

定性以及国内经济下行压力的重要方针和客观需要。

成都需要落实国家战略，主动应对变局，把增强产业链韧性和竞争力放在更加重要的位置，发挥比较优势锻长板、补短板、提能力，着力构建自主可控、安全高效的产业链供应链，加快构建更加畅通的经济循环，更好地融入和服务新发展格局。

第二节　服务落实制造强国战略的重要抓手

党的二十大报告提出，推进新型工业化，加快建设制造强国、质量强国、航天强国、交通强国、网络强国、数字中国。要实现中华民族伟大复兴的中国梦，必须加快推进新型工业化，加快建设制造强国，做强做优做大实体经济，为全面建成社会主义现代化强国提供强大物质基础、技术支撑和精神动力。为落实中央要求，国家部委出台了《关于振作工业经济运行　推动工业高质量发展的实施方案》《促进工业经济平稳增长的若干政策》，全力稳定工业经济增长，保持占比基本稳定，夯实经济"压舱石"。

成都需要始终保持产业兴城立城的战略定力，坚定不移实施制造强市战略，加快推动制造业规模增长和质量提升，逐步推动制造业占比回归合理区间，全力保障城市经济稳定运行和高质量发展，为建设制造强国、制造强省作出新的贡献。

第三节　全面塑造产业竞争新优势的关键策略

新一轮科技革命和产业变革加速演进，产业发展逻辑发生深刻变化。能源、资源、环境约束更加趋紧，传统要素成本优势日益减弱，以市场需求牵引和新兴要素驱动为特征的"高端化"步伐加快转型。封闭式的制造流程和服务业态不断打破，产业"裂变—跨界—融合"更加明显，以价值网络交互协同和产业内部跨界融合为特征的"融合化"发展深入推进。产业组织方式和企业商业模式不断颠覆，产业创新加快走向全球化、网络化、开放化，以商业模式互促共赢和创新方式开放协同为特征的"生态化"优势日益增强。产业分工不断深化，产业形态更加合理，产业链、创新链、供应链共建共享、融合发展，以规模经济和外部效应为特征的"集群化"趋势更加明显。

成都需要不断强化高端要素供给，以产业建圈强链理念变革产业发展方式，推动产业链、创新链、供应链深度融合，促进产业上下游就近布局、生产要素集中集聚，实现物化的产业园区和虚拟的产业生态圈虚实结合、相互耦合，全面降低协作配套成本，提升现代产业体系区域带动力和发展竞争力。

第四节 抢抓国家战略叠加机遇提升势能的重要任务

党中央明确要求成渝共建具有全国影响力的重要经济中心和科技创新中心，打造带动全国高质量发展的重要增长极和新的动力源，明确支持成都建设践行新发展理念的公园城市示范区，赋予了成都加快做强极核、充分发挥引领带动作用的重大使命。"一带一路"建设、长江经济带发展等国家开放战略的推动，提升了成都在国家战略全局中的层次、全球城市网络体系中的位势。新时代推进西部大开发、成渝地区双城经济圈建设等国家战略叠加，有利于成都争取国家重大政策支持、生产力布局和先行先试，推动成都由国家中心城市向现代化国际大都市稳步迈进。四川省委鲜明提出"总牵引、总抓手、总思路"的四川现代化建设总体布局，明确支持成都建设"四中心一枢纽一名城"。成都市委十四届二次全会围绕打造中国西部具有全球影响力和美誉度的社会主义现代化国际大都市目标，系统谋划了成都现代化建设的着力方向。

站上新起点，成都能否担负好重大使命，关键在于做优城市功能、做强产业实力，主动破解当前存在的空间承载、要素配置、产业生态等方面的约束，在更大范围、更深程度、更高层次链接资源，探索提升产业发展能级、推动产业量质并举的新路径，为确保国家战略在成都落地落实提供坚实的基础承载和经济支撑。

第二章
城市探索

近年来，在全球产业链加速重组的背景下，一些地方探索实施"链长制"，作为提升产业链供应链韧性和安全水平的一项重要制度创新，与市场机制互为补充，取得了较好的效果。这是一种强化产业链责任的制度创新，即在一条产业链上培育龙头企业作为链主，地方政府相关负责人任产业链"链长"，并以此为抓手，贯通上下游产业链条，在要素保障、市场需求、政策帮扶等领域精准发力，补链、延链、强链，推动产业循环、市场循环、经济社会循环，实现高质量发展。

第一节　宁波"开发区"为主的"链长制"

2020年10月，根据《浙江省商务厅关于开展开发区产业链"链长制"试点进一步推进开发区创新提升工作的意见》，宁波出台《宁波市重点产业链"链长制"工作方案》，正式启动实施"链长制"；此后又出台了《关于建立推进标志性产业链工作机制的通知》等相关政策文件，进一步推动"链长制"取得实质性进展。宁波围绕"246"万千级产业集群和前沿产业重点发展领域，聚力打造形成10条标志性产业链、培育若干条产业链的"10+X"产业链培育体系（如图1-2-1所示）。

宁波系统性谋划推进，以"六个一"工作推进体系为抓手，围绕10条标志性产业链，出台《宁波市推进产业基础高级化和产业链现代化的行动方案（2020—2025年）》，结合产业链图谱，编制各产业链专项培育方案，已形成集成电路、汽车、化工聚氨酯3条具有特色、国际竞争力、配套体系完善的产业链。引进高能级产业技术研究院，实施"栽树工程"，持续引进共建宁波工业互联网研究院、北京航空航天大学宁波创新研究院、哈尔滨工业大学宁波智能装备研究院等20多家产业技术研究院。大力培育单项冠军企业，制定出台《宁波市聚焦关键核心技术打造制造业单项冠军之城行动方案（2020—2025）》《宁波市单项冠军和重点产业链关键核心技术攻关行动计划（2020—2025）》，聚焦以关键核心技术为重点的单项冠军全链条培育。

推进形式　市委、市政府主要领导挂帅联系重点产业链，开发区主要领导担任产业链"链长"。
建立"一条产业链、一名链长、一支专业招商团队、一个创新研究机构、一个促进机构、一个扶持政策"的"六个一"工作推进体系。

产业链方向
标志性产业链（10条）：化工新材料、节能与新能源汽车、特色工艺集成电路、光学电子、机器人、智能成型装备、高端模具、稀土磁性材料、智能家电、时尚服装。
培育产业链（X条）：人工智能、5G、工业互联网、大数据、区块链等

图1-2-1　宁波"链长制"推进形式及产业链方向

第二节　广州"链长+链主"的双链式"链长制"

2021年6月，广州市委、市政府办公厅联合印发《广州市构建"链长制"推进产业高质量发展的意见》（以下简称《意见》），正式启动实施"链长制"。广州围绕《意见》，聚焦21个产业规模实力强、产业链条完善、龙头企业支撑突出、发展空间大的产业。其中，制造业领域产业链11条，非制造业领域产业链10条（如图1-2-2所示）。

广州坚持运用系统论观念，将"链长制"工作与广州市"十四五"规划、现代产业体系行动计划以及省培育发展战略性产业集群等有关行动一体化谋划、系统化推进，提出构建"1+X"（"1"即由广州市工业和信息化局牵头制定《意见》，

"X"即由各重点产业链牵头部门分别制定实施相关产业链高质量发展三年行动计划）广州市重点产业链政策体系。促进多链融合成网，拓展创新链、供应链、信息链、服务链、人才链、资金链等多个链条，引导点状的产业分布发展成链状的产业联动，进而形成网状的产业集群发展生态。加大政策支持力度，实施"一链一策""一群一策"，切实推动资源要素向产业链群集聚、政策措施向产业链群倾斜、工作力量向产业链群加强。

推进形式

以市领导为"链长"和以龙头企业为"链主"的双链式"链长制"。政府层面担纲"链长"，由"总链长+副总链长+市级链长+市级副链长+区级链长"组成。企业层担纲"链主"，由"链主+联盟"组成。链主原则上由龙头企业董事长（总经理）、产业协会和联盟负责人、科研院所专家、有经验的园区运营者担任。

构建"九个一"工作体系，包括：一份产业链图谱和清单、一张产业龙头企业和重点项目表、一套产业链创新体系、一张产业区块或重点园区地图、一张产业链招商清单和工作计划、一个产业链战略咨询支撑机构和综合公共服务平台、一个信息数据共享机制、一套综合评价指标体系、一个政策支撑体系。

产业链方向

制造业产业链（11条）：智能网联与新能源汽车、绿色石化和新材料、现代高端装备、超高清视频和新型显示、软件和信创、人工智能、半导体和集成电路、生物医药及高端医疗器械、新能源、节能环保和生态、轨道交通。

非制造业产业链（10条）：批发零售和住宿餐饮、现代会展业、现代金融、文化创意、时尚产业、医疗与健康、都市现代农业、体育与健身、建筑业和规划设计、检验检测服务业。

图1-2-2　广州市"链长制"推进形式及产业链方向

第三节　合肥"延链、补链、强链"为主的"链长制"

2020年6月，合肥印发《合肥市做好"六稳""六保"抓细抓实经济发展工作"123+10"行动方案》，由此开始探索实施产业链"链长制"。在实施"123+10"行动中，合肥提出了产业链发展思路、目标、重点和举措，以"链长制"为抓手，重点围绕12条产业链"延链、补链、强链"（如图1-2-3所示）。

合肥梳理全市12个重点产业链发展情况，编制"两图四表"（产业链全景图、产业链分布图、产业链总体情况表、产业链重点企业汇总表、产业链重点项目汇总表、产业链创新平台汇总表）。建设高能级创新平台，依托合肥综合性国家科学中心，着力打造包括量子信息国家实验室、超导核聚变中心、天地一体化信息网络合肥中心等在内的高能级创新平台，赋能产业发展。汇聚各方才智，率先探索"人才+成果+金融+基地"模式，吸引科技团队，转化先进科技成果，先后出台"重点产业人才政策7条""高校毕业生就业创业9条"等人才政策，打造重点产业链企业人才安居平台等。

推进形式：由市委、市政府相关负责领导担任产业链"链长"，实施"123+10"行动（即坚定一个目标，构建两个体系，建立三项机制），实施十大措施，常态化开展"四送一服"（即送新发展理念、送支持政策、送创新项目、送生产要素、服务实体经济）工作。

产业链方向：

制造业产业链（11条）：集成电路、新型显示、网络与信息安全、生物医药、节能环保、智能家电、新能源汽车暨智能网联汽车、光伏及新能源、高端装备及新材料、人工智能、量子产业。

非制造业产业链（1条）：创意文化。

图1-2-3　合肥市"链长制"推进形式及产业链方向

第四节　长沙"四长联动"的"链长制"

2021年，长沙探索实施"链长牵总+盟长搭台+校长支撑+行长帮扶"的"四长联动"工作机制，由市委书记担任"总链长"统筹推进产业链建设。长沙以推动产业链高质量发展为抓手，以"三智一芯"（即智能装备、智能终端、智能网联汽车和功率芯片）为主攻方向，强力打造22条产业链（如图1-2-4所示）。

长沙探索创新产业链建设发展新模式，实施"四长联动"机制，重点打造"1+2+N"（即重点打造1个工程机械世界级先进制造业集群，创建先进储能材料、新一代自主安全计算系统等2个国家级先进制造业集群，发展培育先进计算、生物医药和高端医疗设备、智能网联汽车、智能终端、人工智能等N个省级先进制造业集群）产业集群体系，推动工业实现高质量接续发展。聚焦产业链、创新链、人才链、资金链、价值链五链融合，加快补强产业链短板，提升集群基础能力。

推进形式

"链长"牵总。市领导担任"链长"，牵头编制"两图两库"（即产业链全景图、现状图、招商项目库、客商库），建立产业链人才池、资金池，推进产业链企业"入规、升高、上市、扩面"。

"盟长"搭台。通过各产业联盟和技术联盟的横向沟通，将上下游企业组织起来，搭建座谈会、产销对接会等平台，促进行业企业抱团发展。

"校长"支撑。发挥长沙的高校优势，对接产业链需求，挖掘高校的人才与成果资源，深化高校、链办、园区、企业之间的协同联动，促进产业链共性技术和企业个性技术突破。

"行长"帮扶。引导银行大力发展产业链金融服务，将22条产业链"分链到行、责任上肩"，实现一链一行、一链一方案、精准对接、全程介入，帮助企业解决融资问题。

产业链方向

制造业产业链（16条）：汽车、人工智能及机器人（含传感器）、工程机械、先进储能材料、显示功能器件、大数据（含地理信息）、自主可控及信息安全、移动互联网及应用软件、生物医药（含基因技术）、航空航天（含北斗）、先进轨道交通装备、新一代半导体及集成电路、碳基材料链、新能源装备、5G应用、新型合金（含3D打印）。

非制造业产业链（6条）：现代种业产业链、食品及农产品加工产业链、环境治理技术及应用、装配式建筑、物流、检验检测。

图1-2-4　长沙"链长制"推进形式及产业链方向

第三章
总体设计

第一节 概念内涵

一、产业链的内涵

产业链是指各个产业部门之间基于一定的技术经济联系和时空布局关系而客观形成的链条式关联形态，通常从供应链、要素链、价值链、创新链等维度进行全面研究。产业链涵盖产品生产或服务提供的全过程，包括动力提供、原材料生产、技术研发、中间品制造、终端产品制造乃至流通和消费等环节，是产业组织、生产过程和价值实现的统一。

二、产业生态圈的内涵

产业生态圈是指在一定区域内，人才、技术、资金、信息、物流和配套企业、服务功能等要素有机排列组合，通过产业链自身配套、生产性服务配套、生活性服务配套以及基础设施配套，形成产业自行调节、资源有效聚集、科技人才交互、企业核心竞争力持续成长的一种多维生态系统。

三、建圈强链的内涵要求

"建圈"，建的是生态圈，其实质是产业生态体系，是"链主企业+领军人才+产业基金+中介机构+公共平台"构成的"产业共同体"。"强链"，强的是产业链，其实质是稳定供应链、配置要素链、培育创新链、提升价值链，是推动产业基础高级化、产业链现代化。产业建圈强链，重点要聚焦优生态、提能级、强供给，坚持产业链建构与生态圈融通同向发力，推动资源高效集成、产业协作配套、主体融合共生、市场开放共享，重构新形势下成都产业发展新的"四梁八柱"，提升成都在全球城市中的竞争力和影响力。

第二节 顶层设计

一、召开三次专题会议

2021年12月10日，成都召开产业建圈强链工作领导小组第一次会议，首次提出"建圈强链"，并对实施产业建圈强链行动提出明确要求。产业是城市发展的重要支撑、城市功能的重要基础、市民就业的重要依托，要大力实施产业建圈强链行动，进一步增强产业生态集聚力、产业链建构力、高端要素运筹力，推动产业高质量发展迈上新台阶，为城市整体发展提供持续动能。会议明确，实施产业建圈强链行动，是当前和今后一个时期推动产业高质量发展的重点工作任务，并从集众智汇众力、加快项目培育、增强产业带动力、优化政策环境、提升产业承载能力等方面提出具体工作要求（见专栏1-3-1）[①]。

> **专栏1-3-1 成都市产业建圈强链工作领导小组第一次会议主要部署**
>
> 会议要求，进入新发展阶段，党中央、国务院以及省委省政府赋予成都一系列重大使命，明确要求成都打造区域经济中心、科技中心、世界文化名城和国际门户枢纽，做强极核和"主干"功能。新一轮科技革命和产业变革加速演进，以跨界渗透和相互交叉为特征的"融合化"发展深入推进，以协同共享和互促共赢为特征的"生态化"发展、以规模经济和外部效应为特征的"集群化"发展趋势更加明显。为更好肩负国家使命、顺应产业变革趋势、满足市民期待，要进一步精准发力、扎实推进产业建圈强链，做强产业支撑，提升城市动能。
>
> 一是要集众智汇众力。科学谋划、动态更新产业图谱，清晰呈现产业发展

[①] 张家华：《成都：大力实施产业建圈强链行动，推动产业高质量发展迈上新台阶》，https://mp.weixin.qq.com/s/tpf4KZxUbCd6JVVRnI4G5g。

前沿趋势、链主企业战略布局、技术路线选择、国际国内领军人才、产业基金分布、本地平台资源优势以及用地资源能耗现状等，提供发展指引。

二是要加快项目培育。引进能级高、发展潜力大、成长性好、影响力大的项目，坚决把"双高"项目和不符合产业高质量发展导向的项目挡在门外，构建高水平现代化产业链、价值链和供应链，形成良好发展生态。

三是要聚焦增强"带动力"。大力发展电子信息、生物医药、装备制造等产业，用好工业无人机、网络信息安全、超算中心等优势赛道，聚焦生物疫苗、工业互联网等基础赛道和绿色氢能、脑科学等"新赛道"，着力在"新赛道"打造竞争新优势。

四是要强政策优环境。加快集聚要素资源，按照"一条重点产业链一套扶持政策"的要求，形成"优质服务看成都"口碑。

五是要提升产业承载能力。提质量增效益，积极拓展产业空间，满足企业多元复合需求，确保重大产业项目能落地、快投建、早达产。要坚持"产城融合、职住平衡"，提高企业入驻效率和园区宜居宜业水平。推动土地高效精准供给，提升存量土地利用效率。

2022年3月24日，成都市产业建圈强链工作领导小组第二次会议暨重大项目拉练活动举行，会议强调深入学习贯彻习近平总书记关于打好产业基础高级化、产业链现代化攻坚战的重要论述，全面落实党中央、省委决策部署，按照《成都建设践行新发展理念的公园城市示范区总体方案》任务要求，主动融入国家战略，持之以恒推动产业建圈强链，推动产业高质量发展迈上新台阶，为建设践行新发展理念的公园城市示范区提供强大动能。会议明确产业建圈强链是实现年度目标任务的重要路径，项目是关键、落实是"生命线"，要加强统筹集成，发挥重要平台牵引性作用，定期收集发布产业链项目清单；要压紧压实各方工作责任，鼓励协同创新、优化服务，同时健全完善"月调度、季拉练"工作推进机制，以产业建圈强链的良好成效为城市重大发展战略落地落实作出贡献（见专栏1-3-2）[①]。

[①] 张家华：《持之以恒推动产业建圈强链，为建设践行新发展理念的公园城市示范区提供强大动能》，https://mp.weixin.qq.com/s/0JH5pUcm6QNcgfzv7M6EKQ。

> **专栏1-3-2　成都市产业建圈强链工作领导小组第二次会议主要部署**
>
> 会议提出，自全市产业建圈强链工作领导小组第一次会议以来，各区（市）县和相关部门准确把握目标和方向，聚焦产业、载体、配套、运营、机制"五大要素联动"，以链长制为牵引，以20个重点产业链为主线，在链主企业引育、实施招商引智和项目攻坚、产业生态构建上持续发力，产业集聚势能持续增强、服务水平不断提高、承载空间有效拓展、产学研平台加快落地、发展质效稳步提升，产业建圈强链发展取得了阶段性成效。
>
> 随着《成渝地区双城经济圈建设规划纲要》和《成都建设践行新发展理念的公园城市示范区总体方案》正式发布，重大政策机遇加速释放，科技创新激励持续深化，产业链创新链加速融合，要高效推动实施产业建圈强链，切实将国家赋予的使命和机遇转化为产业高质量发展的势能。
>
> 要紧密结合"三个做优做强"和"四大结构"优化调整，充分发挥链主企业作用，不断聚集先进资源要素，夯实重点承载区域，营造良好产业生态，加强市内和省内外联动，凝聚产业建圈强链合力。
>
> 要保持定力和韧性，坚定不移做强现代产业体系，进一步拓宽格局视野，完善利益共享机制、深化产业资源整合，加强与重庆都市圈和成德眉资同城化地区产业联动。
>
> 要坚持育优培强，加大招商引智力度，既大力发展电子信息、生物医药、装备制造等优势产业，又加快推动一批高能级、有潜力的新兴项目落地发展，着力在"新赛道"打造竞争新优势。
>
> 要充分发挥在蓉高校和科研机构作用，加快产业与市场联动互通，发挥好国家川藏铁路技术创新中心、国家精准医学产业创新中心等平台作用，推动创新成果转化落地，提升产业能级和水平。要依托智慧蓉城建设，引进先进技术、培育关联产业，为企业提供创新应用场景。

2022年9月26日，成都市产业建圈强链工作领导小组第三次会议召开，会议强调牢牢坚持发展第一要务，进一步增强责任感紧迫感，保持迎难而上攻坚克难的勇气，提升解决问题狠抓落实的能力，全力以赴拼经济抓发展搞建设，持续深入推进产业建圈强链，加力加劲构建现代产业体系，奋力交出经济高质量发展的合格答卷。会议要求加强前瞻谋划，积极争取重大创新平台在蓉布局，结合"三个做优做强"，有效推动重大产业项目资金、土地等要素保障，推动链主企业、公共平台、中介机构、投资基金、领军人才融合共生发展；同时，强调持续优化项目协调机制，"片长""链长"加强协同配合、做好精准服务，"一链一策""一企一策"帮助企业解决实际困难，持续优化协同创新机制和评价目标激励机制等（见专栏1-3-3）[①]。

专栏1-3-3 成都市产业建圈强链工作领导小组第三次会议主要部署

会议指出，自全市产业建圈强链工作领导小组第二次会议以来，各区（市）县和市级相关部门聚焦产业建圈强链优化功能承载区布局、内培外引链主企业、建立紧密创新联合体、引育专精特新企业等举措，产业发展目标更加清晰，工作着力重点更加精准，各项工作取得新的进展。要持续推进产业建圈强链，紧盯经济发展目标，落实落细各项任务，全力以赴确保经济运行在合理区间。

要把握产业发展方向，乘势而为出成效。要加强前瞻谋划，把握最新政策方向，积极争取国家实验室、国家制造业创新中心、国家企业技术中心等重大创新平台在蓉布局落地，推进新能源汽车等强链补链，促进产业链创新链深度融合。要结合"三个做优做强"，聚焦主导产业，强化土地、资金等要素保障，有效推动实现重大产业项目落地投运一批、谋划储备一批、招引洽谈一批、培优育强一批、政策扶持一批、激活提升一批。

要顺应产业发展规律，精准施策出有成效。要深刻把握产业融合化、集群化、生态化发展趋势，抢抓新一轮科技革命和产业变革机遇，推动链主企业、公共平台、中介机构、投资基金、领军人才融合共生发展，加快打造一批具有比较竞争优势的重点产业集群。要把握产业链创新链融合发展规律，强化企业创新主体地位，打通政产学研用协同创新通道，提升产业核心竞争力。要把握资本流动和有效配置规律，强化产业资金要素支撑，坚持集约节约理念，加强低效闲置用地改造提升，推进跨区域协同联动，持续提高产业空间供给水平。

[①] 张家华：《施小琳王凤朝谢瑞武出席成都市产业建圈强链工作领导小组第三次会议》，《成都日报》，2022年9月26日第1版。

二、以重点产业链条为主线

产业建圈强链行动坚持以先进制造业和现代服务业为主攻方向，以重点产业链提质增效为核心目标，推动全市产业生态圈精准化、精细化，聚焦28个产业细分领域攻坚，以产业链为主线畅通上下游、整合左右岸，稳定供应链、配置要素链、培育创新链、提升价值链，加快打造一批产业规模大、创新能力强、主体活力强和协同效应强的重点产业集群（如表1-3-1所示）。

表1-3-1 产业建圈强链部分制造业及新经济领域重点产业链

序号	重点产业链	序号	重点产业链
1	集成电路	10	高端医疗器械
2	新型显示	11	轨道交通
3	高端软件	12	新能源汽车
4	智能终端	13	智能网联汽车（车载智能系统）
5	工业互联网	14	新型材料
6	卫星互联网	15	大数据
7	航空发动机	16	人工智能
8	工业无人机	17	绿色食品
9	创新药	—	—

三、明确两个阶段建设目标

发布《成都市实施产业建圈强链行动推进产业高质量发展工作方案》，确保产业建圈强链行动有目标、有实招、有分工、能落地，高标准统筹规划设计，科学研判发展路径，按照可量化、可跟踪、可考核的原则，每个重点产业细分领域分别明确到2022年、2025年的具体发展经济指标，促进整合调动资源，强化分工责任，倒排工作进度。

四、建立"6个1"工作机制

重点产业链由牵头市级部门成立工作专班,负责推动产业研究、规划编制、政策制定、项目协调、生态营建等工作,着眼找准"链主"、招智引资、配置要素、培育创新,清单式梳理重点产业链区域布局、重点企业、要素短板、关键技术,制定出台针对性和专业性强的产业政策,形成"1个发展规划、1张产业图谱、1套专项政策、1个创新平台、1份企业名录、1个品牌会展"的工作机制。

第三节 主要举措

一、形成"链长"统筹协调机制

全面实施产业建圈强链"链长制",以重点产业链为工作主线,市(区)两级全面推行产业链"链长制",坚持一条重点产业链、一个市(区)领导挂帅、一个市(区)协同工作专班,确保整链包干、一链到底。由市领导担任"链长",负责总牵头、总调度、总协调;市级部门做好各自负责重点产业链的专业研究、规划编制、政策制定和协调服务等工作;区(市)县具体抓好企业引育、项目建设、要素匹配,围绕产业链关键环节、关键技术重点发力;产业园区要完善管理运行机制,提升专业化运营服务能力,促进要素加快聚集、项目加快落地。

二、建立"链主"+"配套"架构

将链主及龙头企业作为产业建圈强链的主引擎,加强链主企业招引与培育,系统研究梳理成都现有链主企业、拟招引链主企业、拟培育链主企业,建立并动态更新产业链"链主"企业名录;围绕链主企业实际需求加强专项服务,实施"链主"企业专员专班服务行动,加快培育一批占据全球供应链优势地位的链主企业和总部企业。同时,聚焦强链补链固链需求强化专精特新、关键配套企业培育,明确拟招引关键配套企业,提高重点产品本地化配套率,推动链主企业和上下游企业构建协同创新联合体和稳定配套联合体,打造以链主企业为中心、大中小企业融通发展的产业生态体系。

三、围绕"八个清"工作要求编制产业链图谱

明确"八个清"工作要求，对产业前沿趋势要清、对国际国内链主企业战略布局要清、对产业技术路线选择要清、对国际国内领军人才要清、对产业基金分布要清、对用地资源能耗现状要清、对本地平台资源优势要清、对安全风险要清，专业绘制产业图谱体系。为加强产业研究和前瞻谋划，制造业领域积极绘制1个产业链全景图、3图（链主企业布局图、重点产品链图、产业发展路径图）、4清单（人才需求清单、产业基金清单、关键平台清单、关键技术需求清单），并保持产业图谱持续动态更新，加强产业发展指引。

四、深入实施项目集群攻坚

围绕产业链开展项目招引促建大会战，制定《成都市招商引智大会战实施方案》，统筹全市招商力量、整合要素资源、集成政策措施、创新招商方式、搭建招商平台、完善工作机制。梳理《强链补链重点目标企业名录》《招商引智重点目标企业（机构）名录》，明确推动专班招商、资本招商、招才引智、策划招商、总部招商、外资招商、精准招商、统筹招商等方面工作，积极引进链主和链属企业投资重大项目和高能级项目，以及与之配套的"专精特新"重大项目。紧扣落地开工、加快建设和竣工投产三大环节，大力实施重大产业化项目攻坚，以项目为纽带，补齐上下游、左右岸、培育产业生态，通过"红黑榜"等方式促进比学赶超，切实提高重大项目招引质效。

五、优化"5+N"产业生态

推动要素资源向重点产业链集聚，持续做优企业投资关键变量，完善"链主企业+公共平台+中介机构+产业基金+领军人才"集聚共生的产业生态体系。链主企业方面，积极推动"一链一策""一企一策"，出台《成都市聚焦产业建圈强链支持实体经济高质量发展十条政策措施》等文件，支持招引高能级"链主"企业，支持本地"链主"企业提升产业带动力，支持"链主"企业打造标杆示范。公共平台方面，健全完善"核心+基地+网络"创新体系，强化重大创新平台引领，支持龙头企业联合高校院所建设、运营中试研发等科创平台，鼓励面向产业链开放共享重大科研基础设施和大型科研仪器。中介机构方面，提高专业服务水平，加快引育一

批法律咨询、知识产权、评估认证、技术转移、品牌营销、跨境并购等中介服务机构，加速引育一批要素配置力强的供应链综合服务商。产业基金方面，按照"一链一基金、一链到底"思路，与社会资本共同设立重点产业链子基金和若干产业细分领域子基金，建好用好"产融通"综合金融服务平台。领军人才方面，实施"产业建圈强链人才计划""成都城市猎头行动计划"，发布《成都市人才白皮书》，建立健全重点产业链领军人才遴选机制，加强"成都工匠"的服务保障力度，持续创新"候鸟型专家""云端工程师"等人才共享模式。其他要素方面，积极推广工业用地"标准地"，用好用活新型产业用地，探索混合用地供给，加快推动从"供土地"向"供平台"转变，加强新型基础设施赋能。

第四章
主要成效

第一节　服务全局能力明显增强

成都服从服务国家制造强国战略、航天强国战略、网络强国战略和四川制造强省战略，以建圈强链理念变革产业发展方式，推动整体位势能级加速提升。2022年，成都获批四川省"制造强市"首批试点城市，实现工业增加值占全市GDP比重24.3%。获批建设国家超高清视频创新中心，在国家制造业创新中心方面实现零的突破；新增国家级创新平台12个，组建的国家精准医学产业创新中心成为生物医药领域全国首个国家级产业创新中心；成功举办世界显示产业大会、成都全球创新创业交易会、中国国际软件合作洽谈会等展会；成渝地区电子信息入选国家先进制造业集群。截至2022年底，成都软件和信息服务集群、成德高端能源装备集群、成渝地区电子信息先进制造集群入选国家先进制造业集群，成都生物医药、轨道交通装备纳入国家战略性新兴产业集群发展工程，成都集成电路、新型显示等12个集群入选省级战略性新兴产业集群，服务全局能力明显提升。

第二节　产业发展韧性持续显现

2022年，面对罕见高温干旱、缺电保供、暴雨山洪、疫情反复袭扰等超预期因素冲击，成都统筹疫情防控和经济社会发展，以超常举措应对困难，持续推进产业建圈强链，推动"防疫泡泡"模式从区域试点向全域实践，帮助近2万户企业闭环生产，稳住工业发展基本盘。全市实现规上工业增加值增长5.6%（如图1-4-1所示），高于全国（3.6%）、全省（3.8%），在副省级及以上城市中排名第二位；规上工业企业实现营业收入17360.6亿元，同比增长5.1%。五大先进制造业运行平稳，规上工业增加值同比增长3%，电子信息产业保持较快增长，规上工业增加值增速达到12%。新能源产业、能源装备产业、绿色低碳优势产业呈现新亮点，实现营业收入同比增长分别为63%、57.3%、27%[①]。

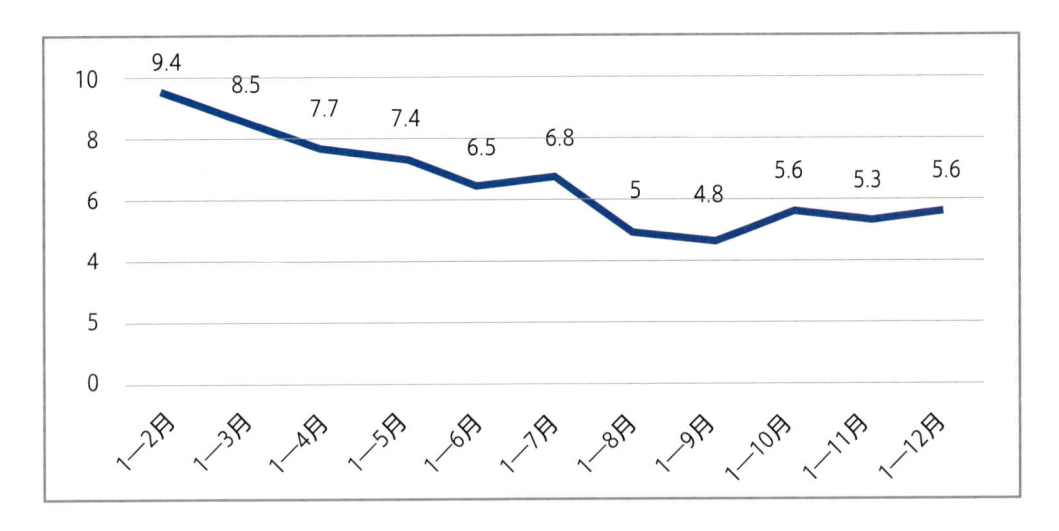

图1-4-1　2022年1—12月成都市规上工业增加值增速（%）

第三节　补链强链取得初步成效

成都聚焦产业生态"建圈"，围绕重点产业"强链"，推进招商引智会战，实施项目攻坚行动，项目招引、企业培育、配套提升等方面取得初步成效。加快聚"链主"引"配套"，推动空中客车飞机全生命周期服务项目、亿纬锂能、蜂巢能源等项目加速落地。产业链条不断完善，如集成电路领域，招引落地比亚迪半导体项目，投资建设12英寸数模混合芯片制造产线，制造短板加快补齐；轨道交通领域，签约蜀道集团绿色高性能建筑科技材料和轨道交通工程智能装备总部研发制造项目等重大项目，推动研发设计、装备制造、运维服务全产业链发展。大企业大集

---

① 成都市统计局：《成都工业统计快讯（2022年12月）》，2023年。

团培育取得突破，上榜中国企业500强、中国制造业企业500强各6户，国家专精特新"小巨人"企业累计达到202户（位居全国第八位）；梳理现有链主企业71家，拟培育链主企业53家，拟招引链主企业43家。大力推进链主、配套企业构建协同创新和稳定配套联合体，汽车整车、轨道车辆本地化配套率分别提升至40%、50%以上；新能源汽车领域形成本地"链主"一级300余家供应商企业名录，本地零部件企业加速融入全国产业发展体系。

第四节 产业生态优势不断突显

成都着力推动重点产业链强政策优环境，产业生态集聚力不断增强，资源聚合取得新进展。目前，围绕链主企业、公共平台、中介机构、产业基金、领军人才及其他重点要素集聚融合的"5+N"产业生态体系初步构建，成都成功入选全国首批"产业链供应链生态体系建设试点城市"。深入实施"产业生态圈人才计划"，截至2022年底，入选成都制造业建圈强链领军人才计划人员241名。提升金融服务，政府性产业基金累计投资制造业重点产业链金额达到266亿元，成立国家中小企业发展基金（成都）交子创业投资合伙企业（规模50亿元），服务企业创新发展。优化工业空间布局，全年供给先进制造业相关重点产业链（除卫星互联网）工业用地206宗，供地面积15410亩。优化"政策找企业"智能服务平台，全年1.4万户企业上线"政策找企业"智能服务平台，拨付专项资金40.9亿元、惠企超过3000户，企业获得感、满意度得到全面提升[①]。

第五节 产业链区域协同水平持续提升

成都探索推进经济区与行政区适度分离改革，立足全域范围，瞄准成都都市圈、成渝地区双城经济圈，在不破行政隶属、打破行政边界的前提下，创新产业协作、利益联结等体制机制，推动产业链区域协同水平加快提升。从市域范围看，成都部署推进重点片区建设，清水河高新技术产业走廊、天府动力源、蓉南新兴产业

---

① 成都市产业建圈强链工作领导小组：《全市重点产业链产业建圈强链工作推进情况汇报》，2022年。

带等片区项目加快建设；各区（市）县跨区域协作发展的创新探索取得新突破，如天府新区与新津区、产投集团共同打造天府先进智造产业基地，高新区与温江区跨区域构建生物医药产业生态圈。从成都都市圈看，园区共建实现突破，成眉共建大健康产业武侯总部基地和东坡生产基地，成资共建天府国际口腔医学城，金牛与什邡探索飞地合作园区建设；协作配套不断深化，构建成德以中国东方电气集团、成眉以通威集团、成资以爱齐医疗公司为代表的总部（研发）在成都，生产制造在德眉资的协同格局，都市圈内1000余家工业企业形成稳定配套协作关系。从成渝地区双城经济圈看，集群共建、配套协作等取得初步成效，共同谋划推动成渝地区电子信息产业集群在国家先进制造业集群"决赛"中胜出，优化川渝汽车、电子信息产业链供需对接平台，累计上云企业超过3500家；2022年川渝电子信息、汽车、装备制造、消费品产业规模分别达到2.2万亿元、7500亿元、1万亿元和1.48万亿元，共生产汽车318万辆，同比增长17%[1]。

---

[1] 寇敏芳：《打造全国重要先进制造业基地 川渝携手共赴4个"万亿"》，《四川日报》，2023年6月26日第5版。

第二篇
Chapter 2
重点产业链篇

第五章

集成电路产业链

集成电路是信息产业的基石、工业的粮食，是引领新一轮科技革命和产业变革的关键力量，是现代工业产业链供应链安全和国家安全的根本，已成为大国战略竞争的制高点。近年来，美国不断加大对我国集成电路产业的封锁，以期延缓和制约我国发展，持之以恒加强基础研究，集中力量突破EDA工具、高端芯片、光刻机设备等"卡脖子"领域，加速国产化替代将是我国集成电路产业未来发展的主攻方向。成都作为国家集成电路产业重点城市，集聚大科学装置、高端人才等创新资源，应围绕服务国家战略全局发展集成电路产业，提升城市发展能级和未来竞争能力。

第一节　总体建设情况

一、编制发展规划，明确发展目标定位

结合成都集成电路产业禀赋优势和发展定位，编制《成都市集成电路产业"十四五"发展规划》，明确"补制造、强设计、扩封测、延链条"发展思路，提出到2025年，在化合物半导体、数模混合电路、IGBT（绝缘栅双极型晶体管）等特色工艺领域形成完整产业链和竞争优势，通信、计算、存储、感知等芯片设计能力达到国内一流、西部领先水平，以重点突破带动整体提升，实现追赶式发展，成为国家重要的集成电路产业基地。

二、绘制产业图谱，精准实施产业招商

聚焦"八个清"工作要求，形成"6个1"工作机制，深化产业基础研究，梳理产业链条和发展趋势，绘制产业图谱体系（集成电路产业链全景图如图2-5-1所示）[①]、编制人才白皮书，进一步明晰产业发展路径。着眼"头雁引领群雁飞"，聚焦"链主"联动招商，新引进重大项目17个。"补制造"加快推进，招引落地比亚迪半导体项目，建设12英寸数模混合芯片制造产线；成都真芯半导体研发创新中心首批具有国际先进水平的存储晶圆顺利出片；金邦存储投资建设研发生产总部项目。"延链条"加快布局，成都士兰投资建设国内最大、世界先进的汽车功率模块制造基地，百克晶半导体拟投资建设芯片研磨切割及背面金属化生产基地。

三、出台专项政策，形成精准化政策配套

着眼打通产业发展痛点卡点，研究制定市区两级联动配套产业政策，出台《成都市加快集成电路产业高质量发展的若干政策》《成都高新技术产业开发区关于支持集成电路设计产业发展的若干政策（修订）》等政策，从人才、设计业、制造业、完善产业生态环境等多个方面给予精准支持。完善"省市区企"四级联动机制，打好"政策+服务"组合拳，为国家鼓励的12户集成电路企业减免所得税和进口关税超亿元。及时解决人才、供应链等困难问题，遴选产业链领军人才20名，在住房、创业、资金等方面给予支持；举办"蓉芯人才"深圳行活动，签约65名产业急需紧缺人才。创新金融服务，通过"流片贷"帮助企业解决资金周转，累计向29户企业授信7.4亿元，向25户企业投放贷款3.6亿元[②]。

四、加强建圈强链工作调度，推进产业高效协同

编制《成都市集成电路产业建圈强链2022年工作要点》，扎实推进产业建圈强链工作。统筹全市产业发展需求和空间承载，构建"一廊一带一新区"产业空间布局，强化市区两级工作专班分工协作，实行"照单管理、挂图作战"，深化推广以

[①] 产业图谱包括产业链全景图、链主企业分布图、关键技术需求清单等"1+3+5"内容。部分内容不宜公开，故本书仅列出产业链全景图，下同。

[②] 成都市产业建圈强链工作领导小组：《全市重点产业链产业建圈强链工作推进情况汇报》，2022年。

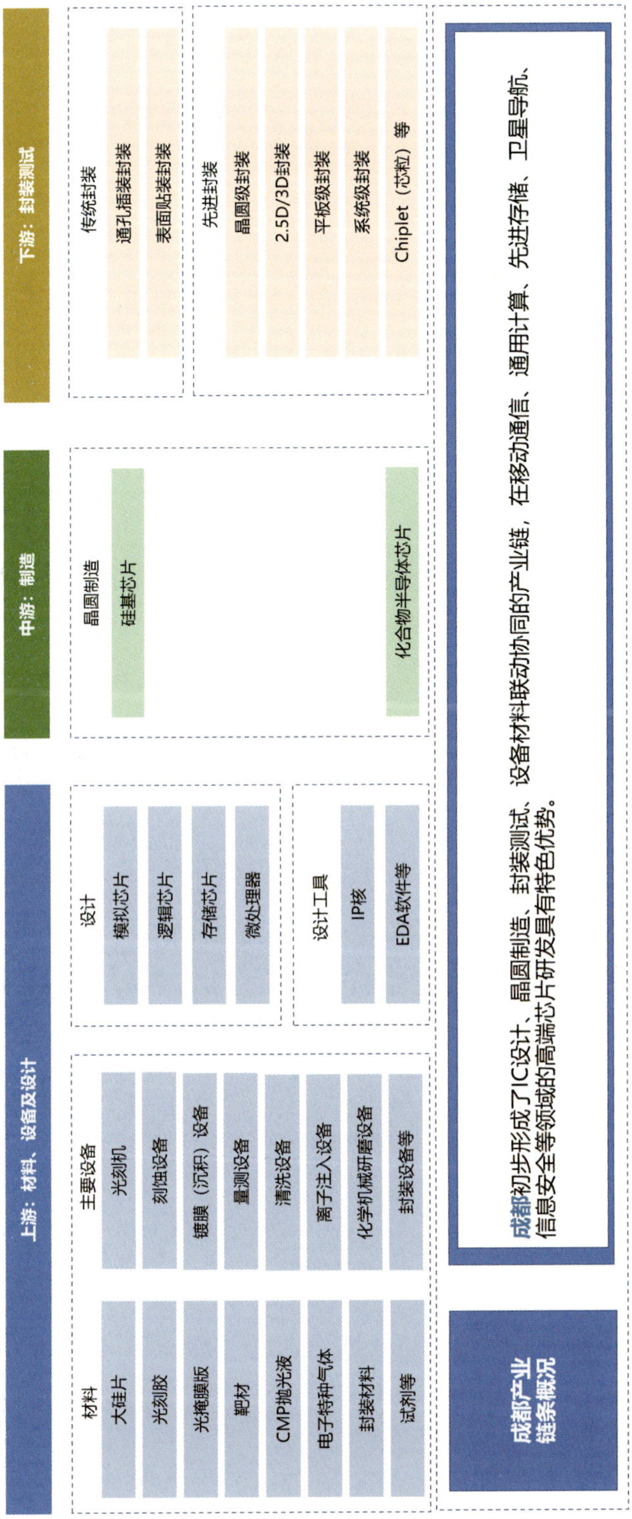

第二篇 重点产业链篇

上游：材料、设备及设计

材料：大硅片、光刻胶、光掩膜版、靶材、CMP抛光液、电子特种气体、封装材料、试剂等

主要设备：光刻机、刻蚀设备、镀膜（沉积）设备、量测设备、清洗设备、离子注入设备、化学机械研磨设备、封装设备等

设计：模拟芯片、逻辑芯片、存储芯片、微处理器

设计工具：IP核、EDA软件等

中游：制造

晶圆制造：硅基芯片

化合物半导体芯片

下游：封装测试

传统封装：通孔插装封装、表面贴装封装

先进封装：晶圆级封装、2.5D/3D封装、平板级封装、系统级封装、Chiplet（芯粒）等

成都产业链表概况：成都初步形成了IC设计、晶圆制造、封装测试、设备材料联动协同的产业链，在移动通信、通用计算、先进存储、卫星导航、信息安全等领域的高端芯片研发具有特色优势。

图2-5-1 集成电路产业链全景图

—29—

成都高新区、郫都区为代表的区域协同发展模式。探索跨省协作模式，联合成渝地区城市组建专班，构建"两核一廊多园"功能格局，成渝地区电子信息先进制造集群成功获批全国首个跨省域先进制造业集群，联手打造中国"芯"高地，着力推进更大范围、更宽领域、更深层次的产业建圈强链。

第二节　建设成效

一、产业链培育

成都高度重视集成电路产业发展，深入实施产业建圈强链，围绕优势领域持续发力，短板弱项攻坚克难，推动集成电路全产业链国际竞争力提升，初步形成IC设计、晶圆制造、封装测试、装备材料联动协同的较完备产业链，已成为中西部集成电路产业的重要力量。

2022年，集成电路产业营收达到516亿元，同比增长17%。其中，IC设计企业数量近200家，较过去两年增长40余家，实现销售收入213.6亿元（排名全国第八），增长55.3%（全国排名第二），销售收入过亿元企业35家（全国排名第七）；在射频/微波芯片、模数混合信号芯片、信息安全芯片、高速接口芯片、功率半导体、物联网系统芯片等领域具有一定优势，拥有成都海光、新华三、国科微、和芯微、雷电微力等重点企业[①]。晶圆制造业拥有一条8英寸晶圆生产线（德州仪器）、一条6英寸化合物半导体晶圆生产线（海威华芯）、一条6英寸平面光波导芯片生产线（飞阳科技）。封装测试拥有英特尔、德州仪器、宇芯、达迩、集佳等近10家企业，规模优势突出。设备材料业产业中，先进科技参与研发的键合机、焊线机等设备全球销量领先，路维光电已建成我国最大的高世代光掩膜版制造基地，成都超纯应用材料在刻蚀材料、扩散材料和外延材料方面占据了一定市场。

二、链主企业

成都集成电路产业汇聚英特尔、德州仪器、成都海光、成都华微、成都新易盛、士兰半导体、海威华芯、梅塞尔气体、成都住矿电子、先进科技等产业链上下

[①] 成都市产业建圈强链工作领导小组：《全市重点产业链产业建圈强链工作推进情况汇报》，2022年。

游企业200多家，培育出成都海光、嘉纳海威等29家国家级专精特新"小巨人"企业。围绕集成电路产业建圈强链，初步遴选出6家链主企业进行重点培养，以链主带动产业上下游发展，其中成都新易盛、成都海光、嘉纳海威、成都华微4家链主属于设计领域，在CPU、FPGA、MCU、射频芯片、光通信芯片等高端芯片设计领域比较优势突出；成都集佳科技、成都奕斯伟2家链主属于封装测试领域，主要开展半导体功率器件、功率模块、MEMS传感器、高密度板级系统封测等先进封装测试业务，封装测试技术处于行业领先地位。

三、创新平台

成都集成电路产业创新平台支撑能力强劲，已初步构建起国家、省、市三级创新研发、公共服务相互支撑的平台体系，为集成电路领域核心技术攻关、概念验证、中小试、检验检测、咨询交流、人才培养等方面提供服务。创新平台包括成都国家"芯火""双创"基地、国家产教融合创新平台、电子科技大学电子薄膜与集成器件国家重点实验室、先进微处理器技术国家工程研究中心等10个国家级创新平台及其分支机构（含部级），电子科技大学太赫兹科学技术四川省重点实验室和四川省太赫兹通信工程研究中心、海威华芯四川省化合物半导体芯片研发制造工程技术研究中心、优博创成都5G中传高速光模块工程技术研究中心、云盾光电-四川大学产学研联合实验室等32个省市级创新平台，成都市科技资源共享服务平台（电子元器件可靠性检测领域）、成都市科技资源共享服务平台（先进计算领域）、天府新区集成电路设计创新公共平台等6个公共服务平台。

四、要素配置

金融服务支撑强劲。成都通过用好产投基金、股权投资、银行贷款等，真金白银支持集成电路产业发展。其中以成都重产基金为龙头，联合成都高新区等区（市）县产业基金组成基金方阵，近两年参与产业全链条项目投资40余个，投资规模近200亿元，战略参与紫光集团重组。思科瑞微电子、成都海光信息成功登陆深交所科创板，成都华微、锐成芯微科创板IPO申请获受理，其中成都海光信息成为2022年科创板最大规模IPO，总市值约1400亿元。

人才吸引力显著提升。以人才强市战略为引领，成都出台《成都市创建吸引和集聚人才平台激发人才创新创造活力的若干政策措施》，大力实施"成都市产业建圈强链人才计划"和"金熊猫"人才计划等，吸引外籍或持有外国绿卡的行业高端人才近300人。采用"政府—协会—高校"联合模式，通过"线上+线下"形式举办蓉漂人才荟·集成电路专场——"蓉芯人才"活动，面向全国宣传推介成都集成电路产业的发展环境、历史机遇和引才优惠政策。

产教融合发展良好，成都信息工程大学集成电路产业研究院落地投运；电子科技大学等高校开展校企研究生联合培养，每年定向培养产业实战型、技能型人才200余人。

五、载体建设

成都电子信息产业功能区（高新区）是成都集成电路产业主承载区之一，重点发展IC设计、晶圆制造、封装测试、设备材料等全产业链，拥有英特尔、德州仪器、奕斯伟等重点企业。2021年，150家电子信息规上工业企业实现产值4702亿元。IC设计产业规模首次突破100亿元，营收同比增长47%；营收过亿元设计企业新增7家，达到23家；营收收入过亿元企业数量城市排名全国第八。为51家企业兑现区级集成电路设计政策资金3248万元，保障企业切实享受政策红利。

成都芯谷是成都集成电路产业主承载区之一，重点发展晶圆制造、封装测试等环节，拥有嘉纳海威、海威华芯等相关企业21家。2021年实现全口径税收4.75亿元，同比增长28.6%。70家规模以上工业企业实现总产值1143亿元，同比增长63%。其中电子信息产业产值达到1107亿元，占比96.9%[①]。

第三节 未来发展方向

近年来，美国对中国芯片产业打压呈现常态化、纵深化、扩大化趋势，通过发布"芯片法案"、禁售高端EDA工具和GPU芯片、升级芯片制造设备出口管制等一系列措施，限制我国获取国际高端芯片产品、技术和顶尖人才的能力，对我国集成电路产业链实施精准打击。在此大背景下，成都集成电路产业发展面临的一些问题亟须解决。一是先进制程和8英寸以上晶圆代工产能不足，先进产能导入因受到

---

① 成都市经济和信息化局、成都市工业经济和信息化研究院：《2021年成都市制造业功能区（工业园区）发展报告》，2022年。

美国打压影响也将受到制约；二是现有链主企业规模偏小，产业带动作用不强；三是虽然基础人才供给量位居全国第三，但芯片架构设计师等产业高端人才短缺；四是产业链配套不全，产业上下游未形成明显链式关系。未来应立足成渝、面向全国发展集成电路产业，通过整合优势创新资源，围绕国产化替代攻克一批关键"卡脖子"技术，加快引育一批根植性强、生态带动效应显著、兼具自主创新力和技术核心竞争力的链主和链属企业，纵向延伸、横向拓展、相互协同，携手成渝地区相关城市形成更大范围的产业生态圈。

一、持续发力优势领域，打造产业发展鲜明特色

成都IC设计产业是有良好基础，应保持定力做强细分领域，提高竞争优势。聚焦通信、军工、消费电子等芯片设计领域的基础优势，大力发展通信芯片、计算芯片、军工级专用芯片、化合物半导体等优势赛道，形成成都产业特色、名片标识。基于智能网联汽车、虚拟现实、智能制造等国内下游市场对芯片的持续旺盛需求和国产化替代技术的加速发展，加快布局存储芯片、智能感知芯片、智能汽车芯片等潜力赛道，促进产业规模壮大、能级提升。

二、完善支持政策体系，吸引更多企业落地生根

围绕成都集成电路产业链短板领域企业诉求，出台一批专业化、精细化、针对性强的政策体系，吸引晶圆代工、先进封测、关键材料和设备等细分领域企业（项目）来蓉发展，提升产业链完备度和韧性。同时加快推动化合物半导体、数模混合电路、IGBT等特色工艺产线项目建设，扩充成熟制程产能，积极抢占汽车、显示、轨道交通等应用市场。聚焦链主和链属"大手牵小手"联动发展，加强成都市内现有产业链上下游链主企业、专精特新"小巨人"企业、上市企业、重点配套企业等资源整合，提升产业链本地配套率。

三、用好科技创新资源，突破关键领域核心技术

基于成渝产业备份基地建设，成都应积极向国家争取集成电路相关技术研发的大科学装置落地，推动一批关键"卡脖子"技术产业化取得突破进展；围绕光子芯片、量子芯片、碳基芯片等未来赛道开展基础理论和技术储备。依托天府兴隆湖实验室、成都国家"芯火"双创基地等高能级创新平台，支持成都海光、中国科学院

光电所等重点企业、高校院所组建创新联合体,推动EDA工具、关键IP、光刻机关键零部件、功率半导体等领域一批创新研发成果在成都转化。加快建成晶圆制造中试线、试验线,切实解决本地企业流片问题。面向后摩尔时代异构封装需求,加快开展芯片级封装、系统级封装、三维封装、芯粒(Chiplet)等先进封装研发和项目布局,扩大封测规模优势[①]。

四、聚焦高层次人才引育,为产业发展赋能增智

针对成都集成电路发展人才短板,重点瞄准模拟芯片、数字前端、核心IP等紧缺设计人才,以及具有产线建设运营丰富经验的高端团队,筑好"温暖巢",对产业人才在住房、创业、资金等方面给予支持,加快天府实验室、先进存储实验室等创新载体建设。递好"橄榄枝",继续开展"蓉芯人才"城市行活动,大力招引上海等地人才团队来蓉创业。实施产教融合人才培养行动,支持电子科技大学等联合国内外领军企业共建"集成电路人才培养联合体",提高本土工程型、技能型人才数量和质量。

---

① 卜伟海、夏志良、赵治国等:《后摩尔时代集成电路产业技术的发展趋势》,《前瞻科技》,2022年第3期,第20页。

第六章
新型显示产业链

当前，新型显示作为数字经济时代的信息显示载体和人机交互窗口，是承载超高清视频、物联网和虚拟现实等新兴产业的重要基础，日益成为电子信息领域竞争的新高地。成都新型显示产业经过多年发展沉淀，创新特色明显，关键核心技术不断突破，产品竞争力和影响力不断提升，逐步成为国内新型显示产业"十字型"空间布局构架上的重要一极。

第一节 总体建设情况

一、编制发展规划，明确目标定位

按照产业建圈强链工作部署，成都加快构建了"规划指引+项目实施+政策配套"的推进模式，拟制《成都市新型显示产业高质量发展规划》，从产能规模提升、关键技术攻关、高端人才聚集等多方面推进新型显示产业高质量发展，力争到2025年新型显示产业规模突破1000亿元，打造成全球知名、国内一流、特色显著的产业研发和制造应用基地。

二、编制产业图谱，找准招商目标

成都实施新型显示产业建圈强链，按照"八个清"工作要求，梳理出显示面板制造过程涉及的阵列、彩膜/蒸镀、成盒、模组4道制程工艺，上游生产过程所需的玻璃基板、掩膜版、偏光片等13种关键原材料，以及曝光机、蒸镀机、化学气相沉积机等8类单价上（近）亿元的关键设备，形成了较为完整全面的《新型显示产业图谱》（新型显示产业链全景图见图2-6-1），确立了新型显示全产业链上的链主企业。

三、出台专项政策，强化产业扶持

成都结合光电产业专项政策实施情况，进一步聚焦新型显示产业的发展现状，2023年3月，成都市经济和信息化局和成都市财政局联合印发《成都市关于进一步促进新型显示产业高质量发展的若干政策》，从补链强链延链、强化创新驱动、优化产业发展环境三大方面提出了10条政策措施，进一步完备产业链、整合供应链、提升价值链，加快打造全国一流的新型显示产业生态。

四、开展工作调度，推进项目落地

成都通过建立完善左右协同、上下联动的工作推进机制，推动各市级部门和成都高新区、双流区、崇州市等承载区县，统筹推进东材科技的光学聚酯基膜（总投资55.7亿元）和瑞波科的OLED偏光片补偿膜（总投资30亿元）入驻高新—郫都合作共建区；重点推进美国通用显示发光材料（高新区）、盛波光电偏光片（双流区）、韩博高科掩膜版（郫都区）等国内外面板细分领域领军企业到蓉投资，共同助力成都新型显示产业高质量发展。

五、组织国际会展，搭建交流平台

积极主动联合四川省经济和信息化厅向工业和信息化部申请，成功将"2022世界显示产业大会"引入成都。大会于2022年11月30日—12月1日在成都天府国际会议中心成功开幕，以"显示无处不在，创享数字经济"为主题，举办了1场开幕式、5场高峰论坛、6场主题论坛、1场海外云论坛，设立了1.2万平方米的新型显示创新成果展，组织了产品推介、项目签约、企业路演、产融对接、展示交易、互动体验以及专业赛事等活动，现场签约成都项目达43个，总投资超过1000亿元，为产业发展注入更多新活力，也向全世界展示成都显示产业的实力和魅力。

第二篇 重点产业链篇

上游：材料及设备

材料
- 玻璃基板
- 掩膜版
- 靶材
- 化学溶液
- 驱动IC
- 柔性电路板
- 彩色滤光片
- 光刻胶
- 发光材料
- 液晶材料
- 偏光片
- 电子气体

主要设备
- 曝光设备
- 显影设备
- 干/湿法蚀刻机
- 蒸镀设备
- 喷墨打印设备
- 薄膜封装设备
- 贴偏光板设备
- 检测设备

中游：制造

面板
- Mini-LED/Micro-LED
- LCD
- OLED

模组生产
- 背光模组
- 触控模组

下游：应用

终端应用
- 电视
- 手机
- 电脑平板
- VR/AR显示
- 车载显示
- 激光投影

成都产业链条概况：成都构建了从玻璃基板、掩膜版、偏光片到面板制造，再到电视、手机、车载显示等终端应用较为完备的产业链，重点发展AMOLED柔性显示面板、TFT-LCD超高清大尺寸面板、无屏电视、玻璃基板、掩膜版、偏光片、柔性电子纸等产品。

图2-6-1 新型显示产业链全景图

—37—

第二节 建设成效

一、坚持建圈强链引领，基本形成了相对完整的全产业链

成都坚持按照"龙头项目—产业链—产业集群—产业生态圈"的发展思路，构建了从玻璃基板、掩膜版、偏光片到面板制造，再到电视、手机、车载显示等终端应用较为完备的产业链，涵盖柔性显示、液晶显示、激光显示、微显示等多个领域，聚集了京东方、中光电、TCL等250余家新型显示企业，是全国四大新型显示产业集群之一的核心承载地，成为全球新型显示产业重要基地。2022年成都市新型显示产业实现营业收入623亿元，产业规模占全国的15%，新型显示产业面板产能位居全国第四，无屏显示产品全球市场占有率位居前列，全球一半以上的iPad和近一半的高端柔性屏在成都生产[1]，成都位列全国柔性显示生产五大城市榜首[2]（如图2-6-2所示）。

排名	城市	省份
1	成都	四川省
2	武汉	湖北省
3	绵阳	四川省
4	重庆	重庆市
5	合肥	安徽省

图2-6-2 2022年柔性显示生产五大城市

二、突出链主企业牵引，集聚了一批产业链上下游企业

成都筛选培育了京东方、中电熊猫、深天马、极米科技、中光电等新型显示产业链主企业，集聚了路维光电、拓维高科、虹宁显示、奥希特、日东电工、出光

---

[1] 赛迪顾问：《2022新型显示十大城市及竞争力研究》，https://baijiahao.baidu.com/s?id=1750249009978602979&wfr=spider&for=pc。

[2] 钟茜妮：《成都瞄准未来新赛道，擦亮城市的"显示度"！》，https://www.thepaper.cn/newsDetail_forward_24566556。

电子、拓维高科等上百家上下游配套企业，其中产值过百亿的企业有3家，占全市工业百亿企业个数的15%。按照产业链环节来看，面板制造领域拥有京东方、中电熊猫、天马微电子等重点企业，原材料及配套领域拥有中光电、虹宁显示、路维光电、东进世美肯等重点企业，终端应用领域拥有TCL、创维、京东方车载等重点企业，同时培育聚集了极米科技、晶砂科技、九天光学、捷翼电子等其他新型显示企业。

三、集聚全球创新资源，构建了高能级创新平台体系

面向世界科技前沿与新型显示产业关键需求，整合全球创新资源，大力推进技术创新和产业创新，加速构建了高能级创新平台体系。国家级创新平台方面，当前拥有国家级创新平台及其分支机构共8家（如表2-6-1所示），其中已成功获批的国家超高清视频创新中心，是四川省首家国家级制造业创新中心，为集聚行业创新资源和推动引领产业发展提供高能级平台；省市级创新平台方面，当前拥有新型显示领域的产学研联合实验室、工程技术研究中心等省级创新平台共24家，包括5家重点实验室、8家工程研究中心、11家企业技术研究中心。

表2-6-1　国家级创新平台名单

序号	名称	序号	名称
1	国家超高清视频创新中心	5	成都极米科技股份有限公司体验设计中心
2	微细加工光学技术国家重点实验室	6	成都光明光电股份有限公司技术中心
3	电子薄膜与集成器件国家重点实验室	7	OLED工艺技术国家地方联合工程实验室
4	国家电磁辐射控制材料工程技术研究中心	8	成都索贝数码科技股份有限公司技术中心

四、强化产业要素配置，有效发挥了产业基金和人才的支撑作用

金融资本方面，近年来已通过成都交子产业股权投资基金、成都市重大产业化项目一期股权投资基金、成都联合光电投资、成都双流兴融光电显示产业股权投资等，投资了成都京东方、奕斯伟、小派、亮亮视野、赛纳电子等企业，助力成都新型显示产业高质量发展。产业人才方面，设立了成都高新区人才引育专项资金，在

新型显示产业链"链主"企业、上下游关联配套企业、招商引智企业（项目）中开展领军人才推荐工作，引聚了一批产业领军人才和行业专家，现共有行业从业人员20多万。

五、优化空间载体布局，形成了核心驱动、协同配套的产业布局

成都新型显示产业发展以成都高新区为主要承载地，以双流区和崇州市为协同发展地，共同推进新型显示产业高质量发展。其中，成都高新区以电子信息产业功能区为依托，以京东方、天马为龙头，推动新型显示配套产业园建设，落地新型显示重点企业10余家，涵盖上游材料、显示模组、显示芯片、激光显示配套器件等细分领域，以全国首条、世界第二条柔性OLED产线的京东方B7工厂为基础，聚集相关配套企业超过40家，形成以路维光电、LG化学、出光兴产、华兴源创等为代表的较为完整的上游配套供应链。双流区以中电熊猫8.6代线为牵引，集聚了成都虹宁、奥希特等8家重点企业，形成了较成熟的TFT-LCD产业链，产业规模约占全市的四分之一。崇州市瞄准捷普、富士康、京东方等头部企业配套需求，持续开展定向招引，与全球第一大偏光片制造商日东电工株式会社签署意向协议，在OLED偏光片及配套产品生产制造方面开展深度合作。

第三节　未来发展方向

近年来，成都新型显示产业正进入快车道，并快速形成以成都为核心的成渝新型显示产业聚集区，成为我国新型显示产业发展的重要一极。但同时成都新型显示产业仍存在一些发展短板，主要表现为：一是关键环节配套不足，蒸镀、曝光等关键制造设备主要依赖进口，靶材、液晶材料、光学薄膜等关键原材料及零部件本地配套不足；二是技术创新水平较低，尚未发挥国家级创新平台资源优势，产业关键核心技术攻关能力较弱；三是终端应用企业较少，与本地面板企业直接配套的下游终端企业较少。为全面塑造成都新型显示产业发展新优势，结合成都产业发展实际，未来发展方向可重点聚焦在以下几个方面。

一、加快产业链强链补链延链

当前全国新型显示产业发展存在自主研发能力不强、部分关键材料的国产化

率比较低、部分新型显示装备亟待突破等共性问题，产业协同创新生态有待完善。成都作为全国新型显示产业的重要地区，面临同样问题，存在断链风险。因此，建议成都持续巩固有机发光材料、掩膜版、触控模组、柔性电路板等现有上游配套优势，加快推进重点项目建设，提升玻璃基板、掩膜版、偏光片等关键材料的供货能力。并重点聚焦突破偏光片、柔性盖板材料CPI/UTG、蚀刻设备、曝光显影设备等上游缺失环节，招引产业链上游原材料及设备配套企业落地，提升产业链供应链韧性和安全水平。充分挖掘下游终端应用潜能，实现富士康、DELL等所需显示产品及模组本地供货，优化完善新型显示上下游产业生态。

二、增强技术自主创新能力

随着显示应用领域逐步拓展，消费者对不同显示领域提出更多差异化需求，量子点显示技术、柔性OLED显示技术等新技术不断涌现，技术创新将一直成为新型显示产业发展的主旋律。因此，建议成都多鼓励和支持电子科技大学、四川大学、中国科学院光电所等重点高校、院所与面板制造企业开展深入合作，联合组建省级以上创新平台，大力支持现有省级创新平台争创国家级创新平台，加快集聚行业优质创新资源。同时鼓励和支持面板制造企业联合上游原材料和零部件企业，开展基础材料、共性技术和基础工艺攻关，创新突破MiniLED、MicroLED、4K/8K、3D显示等新技术，加快推进技术成果转化，着力将成都打造为新型显示产业原创技术策源地。

三、拓展显示终端应用领域

智能终端是新型显示产业的下游应用领域，新型显示技术的不断创新也正在加速颠覆传统显示终端的应用形态和显示方式。目前成都智能终端产业链条较为完整、产品种类多，但传统产品占比较大，新兴智能终端产品较少。因此建议成都在提升原有显示终端市场份额基础上，应大力支持电视、计算机、手机等显示终端企业改进生产工艺，扩大生产规模，拓展产品市场，向高端化、品牌化、服务化方向发展。同时也要积极拓展新的显示应用领域，重点支持显示终端企业在前瞻性领域开发AR/VR、可穿戴装备等创新应用，持续扩大在健康医疗、安防监控、智能家居等领域的应用范围，培育新型显示产业发展新的增长点。

第七章

高端软件产业链

软件是信息技术之魂、网络安全之盾、经济转型之擎、数字社会之基，是制造强国、网络强国、数字中国建设的关键支撑[①]。新时代经济社会，软件无所不在，软件"基础设施化"趋势明显，"赋能、赋智、赋值"加速产业转型升级。成都是全国首批、中西部唯一的综合型"中国软件名城"，软件和信息技术服务业是成都的支柱产业，是助推"成都制造"向"成都智造"演进的重要力量，对加快建设现代化产业体系、促进数字经济和实体经济深度融合、建设践行新发展理念的公园城市示范区具有重要作用和意义。

第一节 总体建设情况

一、创新工作机制，高位统筹推进

强化顶层统筹，设立招商引资、项目建设、争取支持、区域协同4个工作专班和相应专家智库团队。落实好国家软件和信息技术服务业统计调查制度，客观评价和科学研判行业发展形势，合理制定推进高端软件发展的绩效管理办法，调动市级相关部门、区（市）县积极性，进一步激发市场活力，促进产业协同发展。

---

① 黄鑫：《软件业如何提升"硬实力"》，《经济日报》，2019年5月15日第7版。

二、落实发展规划，发力细分领域

落实软件产业高质量发展规划，聚焦工业软件、基础软件、嵌入式软件、行业应用软件和新兴平台软件5大领域，优先发展工业软件，提升发展嵌入式软件，大力发展行业应用软件，前瞻发展新兴平台软件，积极壮大数字文创，加快培育鲲鹏产业，印发了《成都市高端软件产业链培育工作方案》《2022年全市软件产业发展推进工作要点》。

三、编制产业图谱，摸清具体底数

落实"八个清"工作要求，召开系列企业座谈会，向"蓉贝"软件人才、高校院所专家等借智借力，完成"1+3+4"高端软件产业图谱体系绘制，编制工业软件、基础软件、嵌入式软件、行业应用软件和新兴平台软件5大细分子链产业图谱，实施挂图作战。高端软件产业链全景图见图2-7-1。

四、出台专项政策，精准政策支持

加快制定《成都市关于进一步促进软件产业高质量发展的若干政策措施》，从支持产业壮大规模、支持产业高质量发展、加强公共服务保障等方面提出具体措施，为产业发展注入新活力。印发了《成都市推进建设"程序员之家"工作方案（2022—2025年）》，打造要素显著聚集的软件微生态。强化人才价值引领，发布了《第三批成都市软件人才榜单》，评选人才805名。

五、完善企业名录，推进项目落地

梳理产业短板弱项，形成了高端软件企业招引目录，涵盖工业软件、基础软件、嵌入式软件、行业应用软件和新兴平台软件5大领域80余家企业。狠抓项目促建，制定了《2021年新注册重点项目清单（21个）》《2021年新签约重点项目清单（64个）》《市级亿元以上重大项目清单（26个）》3张清单，纳入年度推进任务事项。

六、建设创新载体，加快引领突破

支持国家级"工业软件协同攻关和体验推广中心"、华为系列创新中心、工业

图2-7-1 高端软件产业链全景图

上游：基础软件

- 操作系统
  - 通用操作系统
  - 嵌入式操作系统
- 数据库管理系统 DBMS
- 中间件
- 支撑软件
  - 开发工具
  - 测试工具软件

中游：应用及平台软件等

- 工业软件
  - 研发设计类软件：CAD、CAM、PLM、……
  - 生产制造类软件：MES、PLC、DCS、MOM、APC、EDA、……
  - 业务管理类软件：ERP、CRM、BI、SCM、HRM

- 嵌入式应用软件
  - 嵌入式系统软件
  - 通信设备
  - 数字视听产品
  - 计算机应用产品
  - 信息安全产品
  - 装备控制产品
  - 生物识别产品
  - 可穿戴智能设备
  - 智能车载产品
  - 飞行控制产品

- 通用应用软件
  - 办公软件
  - 图像处理软件
  - 多媒体处理软件
  - 语义处理软件
  - 科学计算软件
  - 深度学习软件
  - 内容生成软件
  - 加密算法软件
  - 数据管理软件
  - ……

- 行业应用软件
  - 通信行业软件
  - 金融财税软件
  - 教育软件
  - 交通运输软件
  - 能源控制软件
  - 动漫游戏软件
  - 物流管理软件
  - 医疗卫生软件
  - 信息安全软件

- 新兴平台软件
  - 工业互联网平台
  - 云计算平台
  - 大数据平台
  - 人工智能平台
  - 物联网平台
  - 电子商务平台
  - 在线教育平台
  - 生活服务平台
  - 区块链服务平台
  - ……

下游：信息技术服务

- 信息技术咨询设计
- 信息系统集成实施
- 运维服务
- 数据服务
  - 大数据服务
  - 数据加工服务
  - 数据内容处理
- 云服务
  - Iaas
  - Paas
  - Saas

成都产业链条概况：成都软件产业链，在软件产品、工业软件、信息技术服务、信息安全、嵌入式系统软件等领域均有布局，产业链相对完整。从细分领域看，基础软件、工业软件等关键软件存在较弱，逻辑器件、物联网模组、汽车电子类计算机应用产品、嵌入式软件以及智能车载（倒装）、设备嵌入式管理等领域动态少应用优势。通信行业软件、交通运输行业软件、金融财税、能源控制、医疗卫生、物流管理等领域动态少应用优势。在软服务、平台运营服务等新兴软件业务领域初有建树，形成了较好的基础，但相比领先地区尚有一定距离。

信息安全（四川）创新中心等一批公共服务平台加快建设，提升行业关键应用技术研究和产品开发能力，促进自主软件创新迭代升级。联合电子科技大学建好国家级"特色化示范性软件学院"，支持有条件的在蓉高校，聚焦成都软件产业需求，建设产业学院和未来技术学院，提升人才资源储备，打造软件人才高地。

七、举行国际会展，搭建交流平台

发挥展会引领带动效应，聚焦工业软件、基础软件等高端软件，成功举办第二十届中国国际软件合作软洽会、第十六届中国成都国际软件设计与应用大赛，发布了《成都市软件产业需求清单》，打造宣传成都软件品牌，交流行业前沿技术，展示科技创新成果，推动产业链上下游对接，发掘优秀项目及人才，促进区域协同发展的高能级平台，助推融入全球软件生态。

第二节 建设成效

一、产业处于国内第一梯队，重点领域特色亮点突出

2022年，全市软件产业规模达6585.2亿元，增长11.1%，其中软件业务收入4732.1亿元，增长10.4%，在15个副省级城市中排名第五。软件产业链较为完善，在各个环节企业均有布局，工业软件、基础软件、嵌入式软件、行业应用软件和新兴平台软件5大重点领域实现软件业务收入约占全市总量的一半。

工业软件领域，研发设计类软件具有一定实力，集成开发平台、CAE等产品逐渐成熟；生产控制类软件企业较多，部分MES解决方案处于国际领先水平。基础软件领域，中小企业较多，覆盖涉足操作系统、数据库、中间件、办公软件各个领域。嵌入式软件领域，依托通信、军工电子、消费电子、智能汽车等产品，形成一定规模和特色。行业应用软件领域，产品覆盖面广，在通信行业软件、游戏动漫软件、交通运输软件领域具备一定竞争力。新兴平台软件领域，在数据服务、云服务、平台运营服务等新兴业务板块，已形成相对较好的基础。

二、企业群体不断壮大，集聚效应逐步显现

软件产业市场主体已超过18万户，其中亿元级企业332家，"专精特新"企业90家，上市企业47家，初步遴选了航空工业成都飞机工业（集团）有限责任公司

（以下简称成飞公司）、中国电子科技集团公司第二十九研究所（以下简称中电科29所）、中国核动力研究设计院（以下简称核动力院）、中国民用航空总局第二研究所（以下简称民航二所）、四川久远银海软件股份有限公司（以下简称久远银海）、四川宏华电气有限责任公司（以下简称宏华电气）等6户作为高端软件产业链链主企业，并根据实际情况进行动态调整。

  工业软件领域，拥有成飞公司、中电科29所、核动力院等链主企业，以数字制造、工业仿真、电子设计等场景为牵引，聚焦研发设计软件、生产制造软件、运维管理软件等赛道，重点发展航空装备制造、航空航天仿真设计、核工业、经营管理类等技术和产品。其中，成飞公司是我国航空武器装备研制生产和出口主要基地、民机零部件重要制造商，国家重点优势企业，正牵头建设国家级"工业软件协同攻关和体验推广中心"，"一中心四平台"服务能力基本形成；加快筹建"成都市工业软件发展联盟"，指导制定《成都市工业软件发展联盟运营方案》。行业应用软件领域，拥有民航二所、久远银海、宏华电气等链主企业，聚焦民用航空、消费电子、智慧城市、网络安全等赛道，重点发展云计算、大数据开发运营一体化等新兴业态和面向新型智能终端等的平台软件产品。发挥腾讯（成都）公司、字节跳动（成都）公司、索贝数码等企业作用，聚焦5G+网络大视频赛道，重点发展交互感知、内容设计等关键技术，强化数字内容工具、模拟仿真等平台研发，推动数字内容研发和渠道运营提升发展。其中，久远银海是国家规划布局内重点软件企业、科技部重点高新技术企业，具有国家信息技术服务运行维护一级资质（ITSS一级）、CMMI5认证等资质，聚焦医疗医保、数字政务、智慧城市三大战略方向，面向政府部门和行业生态主体，以信息化、大数据应用和云服务，为智慧民生赋能。基础软件、新兴平台软件领域，发挥创意信息、华鲲振宇、同方计算、东方盛行等企业作用，以"鲲鹏+"政务、教育、医疗等场景为带动，聚焦"鲲鹏+昇腾+欧拉"技术体系赛道，重点发展分布式存储、云原生应用、边缘计算等关键技术，新一代关系型及分布式数据库、分布式存储软件等重点产品。其中，创意信息是国内领先的大数据产品及综合解决方案提供商，已形成数据采集、数据汇聚、数据处理、数据挖掘分析及数据应用的大数据全栈核心能力，构建了以大数据、物联网及数据库三大技术为核心的自主可控产品及解决方案，服务于政府及能源、通信、交通、金融等众多行业。

三、创新平台加快建设，创新体系持续优化

加速整合各类创新资源，聚焦细分领域、关键应用和核心产品搭建各类创新平台，开展技术研究和产品开发，产业创新能力不断强化。截至2021年，拥有涉及软件和信息技术服务业的科技创新平台600余家，其中企业技术中心420家、工程技术研究中心77家、工程研究中心34家。

技术创新平台方面，华为系列创新中心、国家级"工业软件协同攻关与体验推广中心"、工业信息安全（四川）创新中心、工业互联网平台应用创新推广中心等正加快打造，5G及其增强技术研发公共服务平台、安全高效自主可控区块链服务平台、中国信息通信研究院车联网创新中心等正加快建设。

公共服务平台方面，有国家软件产业基地（成都）公共技术支撑平台、四川省电子产品检验平台、信息安全测试与培训公共服务平台等国家级平台，成都市科技金融服务平台、四川省电子商务公共服务平台等省级平台，以及成都市标准资源公共服务平台、IT人才公共服务平台等市级平台。

创新转化平台方面，有天府软件园等国家级孵化器，创业场、"优聚+"等国家备案众创空间，以及腾讯西部创新创业中心等省级孵化器，成都数字新媒体创新孵化基地等省级众创空间。

四、高端要素不断集聚，产业吸附力有效提升

人力资源方面，拥有丰富的软件人力资源储备，截至2021年，软件从业人员约56.9万人，高校院所每年可输送软件及相关专业毕业生约4.3万人，高素质软件人才聚集度位居西部之首。实施"蓉贝"软件人才计划，按年度推出成都软件人才榜单，为支持软件产业聚集急需紧缺高层次人才，连续实施3年，三批软件人才榜单累计2123名人才，其中"蓉贝"软件人才330名[①]。

数据要素方面，在用数据中心近60个，机架规模7.2万架，平均上架率达71%。成都超算中心主机性能峰值达170PFLOPS，最高运算速度达到10亿亿次/秒，主机系统性能位列全球第五、全国第三。累计建成5G基站超5万个，承接部署了全球IPv6辅根服务器。搭建成都市公共数据运营服务平台，形成标准化数据API产品

[①] 成都市经济和信息化局：《2022成都软件人才发展报告》，2022年。

和沙箱模型服务80余个、数字化应用场景40余个。

五、载体建设持续强化，产业空间不断拓展

统筹考虑全市软件产业总体规划和现有的产业布局情况，按照高端软件相对集中，特色化软件分布式、差异化发展的原则，不断深化和拓展软件产业"1+7"发展布局。其中，成都高新区（成都新经济活力区）作为主要承载地，布局落地国产软件重大项目，引进国际、国内软件巨头，打造世界级高端软件研发聚集区。四川天府新区〔中国（西部）成都科学城（以下简称成都科学城）〕、青羊区（成都工业创新设计功能区）、新都区（新都现代交通产业功能区）、双流区（成都芯谷）、武侯区（西部智谷）、成华区（建设路商务中心）、龙泉驿区（龙泉汽车城）作为协同发展地，依托各自产业特色，分别布局工业软件、基础软件、嵌入式软件、行业应用软件和新兴平台软件等产业方向，培育增长新动能。积极鼓励其余区（市）县依托现有标准化工业厂房和高品质众创空间，加快打造品牌软件园区。

第三节 未来发展重点

"软件定义"已成为新一轮科技革命和产业变革的新特征和新标志[①]，成都高端软件产业发展面临的国内外环境正在发生深刻变化，同时也存在创新应用迭代不足、系统解决能力偏弱、龙头企业相对缺乏、高端人才供给失衡等问题。下一步建议对标国家软件发展战略，以建设践行新发展理念的公园城市示范区为统领，以建圈强链为主线，补齐短板、锻造长板，加速突破五大关键软件领域，打造产业技术公共平台，完善产业链协同生态体系，构建国际国内特色优势，打造全球软件重要制造基地，奋力建设世界知名的软件名城。

一、着重突破5大关键软件领域

随着中美贸易争端升级，软件国产化及自主可控的重要性再次凸显，基础软件、工业软件等国产替代市场空间更加广阔。成都需要坚持发展和安全并重，有效解决产业链短板弱项，提升基础软件、工业软件等关键软件供给能力，形成具有

---

① 工业和信息化部：《"十四五"软件和信息技术服务业发展规划》，2021年。

生态影响力的软件产业生态。聚焦研发设计软件、生产制造软件、运维管理软件赛道，打造全国领先的工业软件基地；聚焦"鲲鹏+昇腾+欧拉"技术体系赛道，打造基础软件、新兴平台软件基地；聚焦智慧城市、网络安全、民用航空、消费电子赛道，打造特色鲜明的行业应用软件基地；聚焦5G+网络大视频赛道，打造国内第一方阵网络视听与数字文创基地。

二、加快打造产业技术公共平台

随着云计算、大数据、人工智能等新技术快速发展，软件产品迭代周期越来越短，跨界融合的趋势越来越明显，在软件框架、开发场景、开发工具等各个方面都面临巨大变革。成都需要深入推进创新协同、软硬协同，推动"工业软件协同攻关与体验推广中心"、华为系列创新中心、工业信息安全（四川）创新中心、工业互联网平台应用创新推广中心等系列公共服务平台加快建设。依托龙头企业和科研院所，开展操作系统、中间件、民机软件、信息安全等项目谋划，继续推动布局关键软件领域的国家级公共技术服务和创新平台。围绕五大关键软件领域打造测试验证、认证检测成果转化、市场推广等一批公共技术平台。

三、持续强化人才保障支撑

软件产业的竞争根本上是人才的竞争，软件人才是软件产业高质量发展的关键要素。成都需要发挥软件人才供给和质量优势，最大限度地将人才资源转化为产业发展动能。深入实施"蓉贝"软件人才计划，按年度推出成都软件人才榜单，加强对软件人才的子女教育、医疗保障等方面支持，加快建设"程序员之家"，营造引得进、留得住的人才环境。落实《成都市"中国软件名城人才基地"评选办法》，推动建设一批新型软件学院、软件新工科基地和软件实训（实习）基地，打造"中国软件名城人才基地"。积极推进电子科技大学"特色化示范性软件学院"建设，大力支持在蓉高校争创国家级"特色化示范性软件学院"。

四、应用带动促进融合发展

坚持"好软件是用出来的"，应用场景已成为驱动软件技术转化的"最后一公里"。成都需要坚持"场景营城、产品赋能"，以场景应用牵引产业发展，推动建设航空航天、电子信息、汽车、轨道交通、核能、大型科学装置等6个主要领域的典型工业软件应用场景。加快建设党政机关、国防、能源、医疗、地理信息等行业领域的专业应用软件应用场景。制定发布《成都市软件产业需求清单》，加大力度推广应用"成都造"软件产品和服务。创新校地合作模式，深化产教融合程度，开展校企精准对接，推动建设一批成果转化基地、产业示范基地和软件生态孵化基地。

五、积极构建开放开源生态

开放、平等、协作、共享的开源模式，加速软件迭代升级，促进产用协同创新，推动产业生态完善，成为全球软件技术和产业创新的主导模式。国内以阿里、华为、腾讯等为代表的软件龙头企业正积极构建开源创新生态，由开发者、使用者多方参与的开放式发展环境和创新模式将进一步普及。成都可以积极引进开放原子开源基金会、代码托管平台，鼓励重点企业贡献开源力量，共建开源孵化基地，孵化培育一批有影响力的开源项目。联合国家级科研机构组织软件开发者大会等活动，支持有一定基础的开源初创企业发展壮大，加强营造开源文化氛围，扩大成都开源生态的社会影响力。

第八章
智能终端产业链

数字化智能化时代背景下，物联网、5G、人工智能等新一代信息技术快速发展，传统智能终端产业和高新技术不断融合，催生出更多新产品、新业态，推动社会生产和消费加速向智能化转变。近年来，以智能服务机器人、智能穿戴设备、智能家居为代表的智能终端产业蓬勃发展，预计未来几年，智能终端设备需求将快速上升，智能终端产业将进入高速增长期。成都智能终端产业规模大、品类齐全，应紧抓产业发展机遇，推进产业转型升级，引领产业高端化发展。

第一节　总体建设情况

一、完善顶层设计，明晰产业发展方向与路径

按照产业建圈强链工作部署，发挥"链长制"统筹协调作用，完善"省市区企"四级联动服务机制，优化市区两级服务专班。汇集链主企业、行业协会与高端智库多方智慧，深入开展智能终端产业研究，加快编制产业发展规划。聚焦行业需求，梳理产业链条和发展趋势，确定突出发展计算终端、通信设备两大优势领域，大力培育智能穿戴、超高清视频设备等新兴领域，发展壮大智能传感器、精密器件等关键零部件领域。提出"做大做强品牌代工规模优势、提升完善产业配套体系"两手抓两手并重发展路径。

二、编制产业图谱，摸清产业底数与招商目标

落实"八个清"工作要求，摸清智能终端产业底数，围绕核心元件、智能传感器等基础层，网络协议、网络应用等网络层，计算终端、通信设备等产品层，研发设计、营销推广等服务层四个重点产业链环节深入研究，科学编制"1+3+4"产业图谱体系（智能终端产业链全景图见图2-8-1）。按照"图谱+清单"要求，动态完善智能终端产业链领军人才清单、产业基金清单、关键平台清单、关键技术需求清单。聚焦通信终端、计算终端两大优势领域和智能穿戴设备、超高清视频等新兴领域，围绕产业链薄弱缺环节和龙头企业战略布局，梳理拟招引目标企业名录。

三、着力强链补链，推进产业项目落地建设

以成渝地区电子信息先进制造集群建设为契机，开展强链补链行动。结合成渝地区智能终端产业特点、产业分布及产业链配套合作需求，加强成渝两地企业间协作配套力度，持续巩固成渝地区全球最大智能终端产品制造基地地位，打造全球最具竞争力的智能终端产业集群。加快链主和配套企业引育，推动41个亿元以上重大项目落地建设，投资总额超1300亿元[①]。聚焦培育链主"强龙头"，推动西门子工业自动化产品中国智造基地项目落地，建设西门子PLC产品海外最大研发中心；聚焦产业协作"强配套"，推动瑞士富巴压力传感器中国总部及生产基地等20余个配套项目落地。聚焦新兴领域"拓赛道"，推动业桓元宇宙MR智能穿戴光学模组研发及产业化项目顺利签约，推动华存智谷绿色存储产业化基地建成，推进TCL打造西部智能制造基地和欧亚供应链中心。

四、链接产业资源，加快完善产业发展生态

围绕链主企业构建产业生态，整合产业协会、产业联盟资源，推动成都电子信息产业生态圈公共服务平台上线运行。聚焦产业金融、检验检测、知识产权认证、技术成果转移转化等平台建设，与四川集安基金、中国银行、天风证券、成都国检等21家专业服务机构深度合作，为企业提供专业服务支持与公共平台支撑。启动

[①] 成都市产业建圈强链工作领导小组：《全市重点产业链产业建圈强链工作推进情况汇报》，2022年。

第二篇 重点产业链篇

上游：关键零部件	上游：系统与网络	中游：终端制造	下游：销售服务
关键零部件 连接器 传感器 电容 电阻 电感 智能网关 芯片 显示器件 电池 摄像头 外围设备 外壳	系统 操作系统 应用软件 网络 网络协议 网络技术服务 网络应用	终端 计算终端 智能穿戴 通信终端 超高清视频设备 虚拟设备 行业应用终端	销售服务 营销推广 内容服务 硬件服务 软件服务

成都产业链条概况：成都围绕智能手机、个人计算机等传统产业，智能穿戴设备、超高清视频等新兴产业，传感器、关键零部件等关联产业三大类产业链条，聚焦计算终端、通信终端、视听终端等15个细分赛道，形成了相对完整的产业体系。

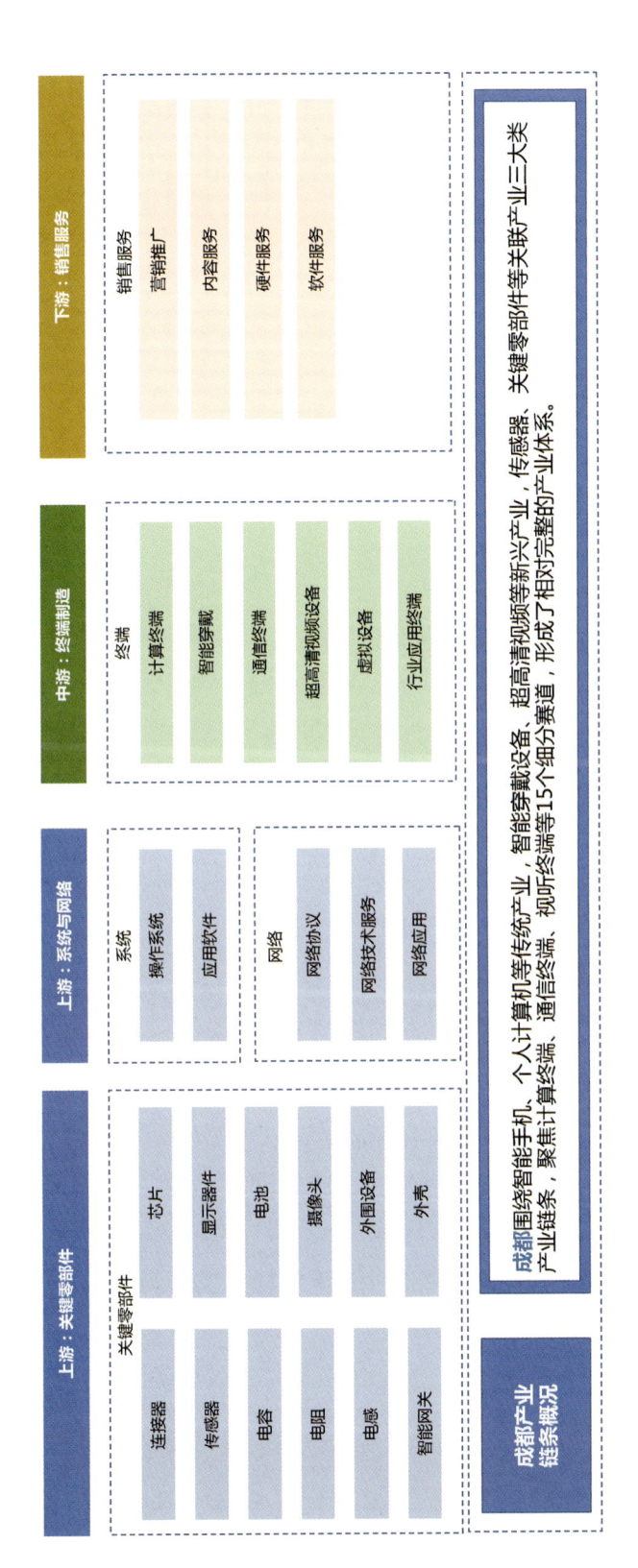

图2-8-1 智能终端产业链全景图

"成都造"万家工企促消费保增长云销百日攻坚行动,搭建"买全球、卖全球"消费服务平台,发布千亿级产品供需清单,为企业拓展更多应用场景和市场空间。联合举办成渝地区双城经济圈电子信息产业链协同发展合作交流会,促进行业机构签订合作协议,提升川渝智能终端产业协作配套能力。打造品牌论坛,成功举办第十届中国(西部)电子信息博览会智能终端产业"建圈强链"研讨会、双城经济圈电子信息产业链协同发展合作交流会等高端会展。

第二节 建设成效

一、产业链条更加完善

2022年7月,智能终端产业链新增为产业建圈强链重点产业链,作为数字经济的核心产业,按照"世界眼光、成渝协作、引培并举、固链延链、降本增效"的总体发展思路,围绕智能手机、个人计算机等传统产业,智能穿戴设备、超高清视频等新兴产业,传感器、关键零部件等关联产业三大类产业,聚焦计算终端、通信终端、视听终端等15个细分赛道,打造智能通信终端、智能家庭终端、智能计算终端、智能穿戴设备、智能仪器仪表等领域系列产品,形成了涵盖领域广泛、产品种类齐全的智能终端产业链。2022年,成都智能终端产业规模约4200亿元,在全国主要城市中排名第七位[①]。

二、企业培育成效明显

2022年,成都智能终端产业链聚焦产值高、规模大、产业链引领带动力强的龙头企业,按照分类分层原则,筛选出鸿富锦精密电子、仁宝电脑、纬创资通、捷普科技4家链主企业重点培育。支持企业专精特新发展,助力玖锦科技等39家企业入选国家专精特新"小巨人",占四川省入选企业总数19%。持续开展高新技术企业培育,遴选虹视、天微电子等155家企业形成硬核科技企业梯度培育库。

[①] 成都市产业建圈强链工作领导小组:《全市重点产业链产业建圈强链工作推进情况汇报》,2022年。

三、创新平台加快建设

聚焦产业链创新链融合发展，以成都科学城、天府实验室为核心，建成智能终端领域各类创新平台共108个。建成10个国家级创新平台及其分支机构，包括1个国家重点实验室（电子薄膜与集成器件国家重点实验室）、3个工程研究中心和6个工程实验室。新增上海交通大学四川研究院、香港城市大学成都研究院等4个知名高校和科研院所共建的新型研发机构。推动成都瑞迪威—西安电子科技大学、铱通科技—成都信息工程大学等6个产学研联合实验室和工程技术研究中心等创新平台获得市级认定。成都市科技资源共享服务平台（电子元器件可靠性检测领域）、成都市科技资源共享服务平台（电子产品检验检测领域）等5个专业小试中试、检验检测等公共技术服务平台加快建设，助力全市智能终端产业创新发展。

四、关键要素配置高效

强化高端人才支撑。持续强化产业链领军人才队伍建设，梳理"产业建圈强链人才计划"人才库高端人才10人，先后遴选网络信息设备领域技术人才、燃气计量设备领域高端人才、无屏电视领域专业人才等高精尖缺产业人才，打造高质量人才队伍。

加大基金投资力度。按照加快构建全生命周期政府性基金体系，聚焦重点产业链打造市场化基金要求，2022年，成都交子产业股权投资基金、成都蓉兴创业投资基金等12只基金投资智能终端项目29个。其中成都市知识产权运营基金、成都交子产业股权投资基金、成都市新经济天使投资基金三只市政府投资基金共投资项目9个。成都鲁信菁蓉创业投资中心（有限合伙）—成都科创投资基金投资项目1个。四川川沪合作创新股权投资基金合伙企业（有限合伙）、东方电气（成都）氢能股权投资基金合伙企业（有限合伙）等产业链基金共投资项目19个。

五、产业布局持续优化

优化产业布局，加强载体建设，推动智能终端产业链上下游企业集群集聚发展。统筹谋划推进成渝地区电子信息先进制造集群建设，加快产业协同发展。高水平建设成都都市圈智能终端产业协作区，沿成渝高速通道发展配套产业走廊，打造一批专业化分工、特色化集聚的产业园区，形成"两核一地N协同"的跨区域产业合作格局，统筹推进研发、制造、配套、应用全链条集群化发展。围绕"三个做优做强"战略部署要求，引导智能终端产业链不同环节在核心城市、区域中心城市、郊区新城落地布局。以成都高新区、双流区为核心，成都东部新区为新增重大制造项目承载地，四川天府新区、金牛区、青白江区、新都区、郫都区、新津区、崇州市、大邑县为关键配套地，建设成都电子信息产业功能区、成都芯谷、成都未来科技城三个主承载地，成都科学城、成都金牛高新技术产业园、成都新经济活力区等九个协同发展地，统筹发展通信终端、计算终端、消费电子等智能终端产业。

第三节 未来发展方向

智能终端产业是产业数字化、智能化发展的重要基础。近年来，成都智能终端产业在5G、人工智能等新一代信息技术的加持下初步形成规模化发展趋势，但仍存在产业结构不优、产业链供应链安全性不足等短板。下一步，需抢抓智能终端产业发展新机遇，厚植成都万亿元级电子信息产业基础，高位推动成都智能终端产业建圈强链，全面塑造成都智能终端产业发展新优势。

一、推进产业转型升级，加快布局新兴领域

近年来，全球智能终端产业加速演化，以智能手机、笔记本电脑为代表的传统智能终端产品销量快速下滑，可穿戴设备、超高清视频设备等新兴智能终端产品不断兴起。成都当前智能终端产业结构不优，传统智能终端产品占比较大，新兴领域创新能力不强，未来应在提升传统产业、布局新兴产业两端发力。在传统智能终端领域，应支持企业调整产品结构，促进产品迭代升级，提高高端轻薄便携高清平板电脑、大屏幕触控一体机、工业控制计算机等中高端产品占比，推动成都智能终端从代工生产向自主创新转型，夯实产业基础。在新兴终端领域，要超前布局泛智能终端领域，加速虚拟设备、智能穿戴设备等新兴移动终端产品研发，抢占市场先机。

二、助力企业技术攻关，提升产业创新能力

智能终端是数字经济的重要产业领域，承载着提升国家科技创新能力和关键零部件自主供给能力的重要使命。经过多年发展，成都已成为全球各类智能终端产业链最完善的地区之一，但鸿富锦、戴尔等跨国企业在成都本地配套率不高，附加值

较高的芯片和关键核心零部件主要从国外采购，本土企业能级较低。下一步应着力提升本地中小企业关键技术和产品创新能力，围绕VR/AR硬件、智慧交互、智能传感、车载电子、航空航天电子、医疗电子等领域开展关键核心技术攻关，加快科技成果转化和产业化，做强鼎桥手机、天邑康和光通信设备、天奥手表等本土品牌，打造产业新优势。

三、发挥成渝比较优势，推进产业协同发展

智能终端产业体量大、产业链长、辐射范围广、带动能力强，可积极谋划产业跨区域布局，整合优势资源，在更大范围、更宽领域、更深层次协同发展。抢抓成渝地区双城经济圈建设契机，依托鸿富锦（成都）、纬创（成都）、维沃通信（重庆）、美的（重庆）等龙头企业，聚焦关键零部件、智能传感器、网络应用、终端制造、营销推广等重点产业链环节，联合打造高效分工、错位发展、有序竞争、相互配合的智能终端产业发展格局[①]。近年来，新兴智能终端产品不断迭代升级，产业标准化建设滞后制约产业高端化发展，需加大标准化工作力度，推动成渝两地智能终端行业标准衔接互认，加快完善智能终端产业标准体系，以标准化带动产业高质量发展。

四、强化关键要素支撑，持续完善产业生态

智能终端产业涉及软件研发、硬件设计以及人工智能、物联网等众多高技术领域，打造智能终端产业生态需重点强化人才和数据要素支撑。人才方面，应充分发挥"蓉漂计划""产业建圈强链人才计划"作用，加速引进智能硬件、关键软件、新一代信息技术等领域高端人才，健全产业人才资源库。数据要素方面，要以数据要素市场化配置流通、融合创新为重点，促进数据资产化和资本化转变[②]，推进成渝地区数据要素流通应用合作，释放数据要素价值，赋能智能终端产业发展。此外，还需加大重大项目、优质项目土地空间保障，加大产业链重点企业金融支持力度，加速完善产业发展生态。

[①] 刘彦鹏、陈怡、王雨朦：《重庆智能终端产业集群发展的思考》，《产业创新研究》，2021年第20期，第17页。

[②] 张楠：《构建具有中国特色的数据要素市场化配置体系》，《软件和集成电路》，2023年第5期，第24~25页。

第九章
工业互联网产业链

工业互联网是新一代信息通信技术与工业经济深度融合下的全新工业生态、关键基础设施和新型应用模式。作为第四次工业革命的重要基石和关键支撑，工业互联网已成为世界主要国家推动制造业数字化转型，促进经济高质量发展的重要抓手，也是我国落实制造强国、网络强国战略的重要支撑。近年来，我国高度重视工业互联网发展，工信部出台行动计划，实施创新发展工程，推动示范区建设，工业互联网在我国已从"概念探讨"走向"落地深耕"。成都是全国重要的先进制造业基地，工业门类齐全，具备发展工业互联网的产业基础和现实需求，2022年将工业互联网作为产业建圈强链的重点，坚持供给需求双向发力，健全工业互联网产业生态体系，产业发展取得重要进展。

第一节　总体建设情况

一、开展顶层设计，明确目标定位

近年来，成都抢抓数字经济发展机遇，出台了《成都市工业互联网创新发展三年行动计划（2021—2023年）》《成都市智能制造三年行动计划（2021—2023年）》等相关行动计划，加速推动工业互联网发展，不断完善顶层设计，明确全市工业互联网发展路径。当前，按照市委、市政府制造强市和产业建圈强链工作部署，研究起草了《成都市工业互联网"建圈强链"三年行动计划（2023—2025年）》，提出聚力攻坚数字化装备、工业互联网平台和制造业融合应用三大重点领域，做强工业互联网高端供给能力，提升产业发展能级，赋能全市制造业智能化转型，致力打造全国工业互联网发展领航城市。

二、编制产业图谱，找准招商目标

落实"八个清"工作要求，开展产业发展研究，明晰产业边界，聚焦工业互联网平台、数字化装备、工业互联网安全、工业软件等关键领域，梳理企业名录、重点产品、关键平台等，绘制工业互联网"1+3+4"产业图谱体系，体系化推进工业互联网产业建圈强链，加速汇聚科大讯飞成都智谷、腾讯未来中心等工业互联网重大项目（工业互联网产业链全景图见图2-9-1）。

三、出台专项政策，精准配置要素

为紧抓国家工业互联网新型基础设施建设战略布局，推动工业互联网新型基础设施在更广范围、更深程度、更高水平上融合创新，针对成都工业互联网发展的特点和现实需求，在优化完善现有政策的基础上，出台了《成都市加快工业互联网发展支持政策》。在支持内容上，围绕网络基础、平台引育、企业上云、发展载体等4个方面，优化形成9条支持政策，涵盖了工业互联网发展应用的核心环节。在支持幅度上，基于工业互联网生态建设的重要作用，增加了企业数字化咨询等内容，将智慧园区现有补贴200万元调整为300万元。

第二节 建设成效

一、产业链条初具形象

工业互联网产业链构成一般包括智能装备、网络、平台、软件、应用和安全等六大细分领域。通过多年发展，尤其是将工业互联网作为建圈强链重点产业链来抓以来，成都在工业互联网平台体系、智能软硬件、融合应用、网络安全防护等方面取得明显成效，产业链条不断完善，产业规模逐步壮大。截至2022年，集聚工业互联网核心产业企业526家，其中规上工业企业374家，规上工业企业产值规模达500亿元[①]。

---

① 成都市经济和信息化局：《成都市重点产业链基本情况一览表》，2022年。

制造业建圈强链
——高质量发展的成都实践

应用层

行业类别：石化、钢铁、汽车、3C电子、装备、……

应用场景：数字化管理、智能化制造、网络化协同、个性化定制、服务化延伸、……

平台层

工业软件：研发设计类、生产控制类、经营管理类

工业互联网平台：综合型、特色型、专业型

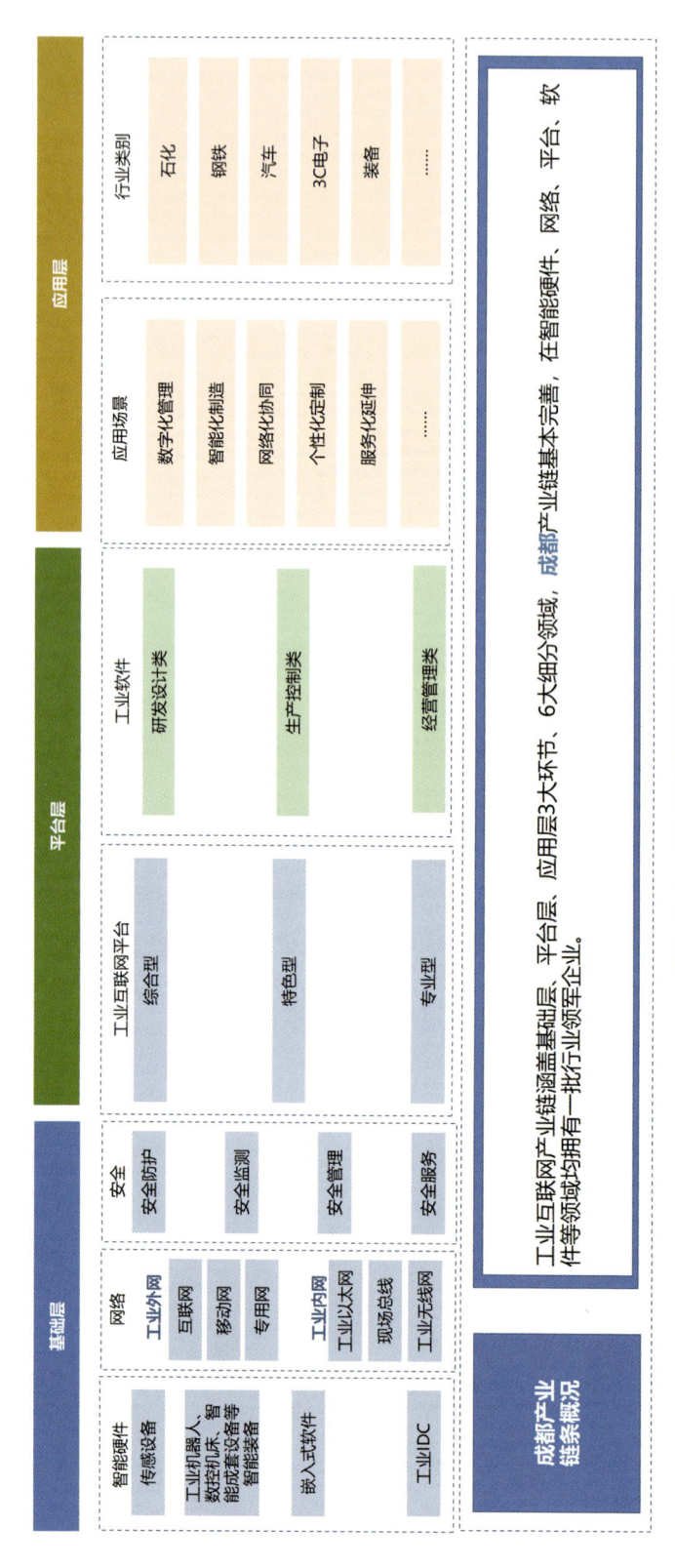

基础层

安全：安全防护、安全监测、安全管理、安全服务

网络：
- 工业外网：互联网、移动网、专用网
- 工业内网：工业以太网、现场总线、工业无线网

智能硬件：传感设备、工业机器人、数控机床、智能成套设备等智能装备

嵌入式软件

工业IDC

成都产业链条概况

工业互联网产业链涵盖基础层、平台层、应用层3大环节、6大细分领域，成都产业链基本完善，在智能硬件、网络、平台、软件等领域均拥有一批行业领军企业。

图2-9-1 工业互联网产业链全景图

工业互联网平台体系不断完善。 打造了以成都市工业互联网公共服务平台为主体的"1+N"工业互联网平台体系,培育了积微物联CⅢ等30余个具有区域特色的本地平台,安瑞智达等4个专业型工业互联网平台,集聚了中国电信、航天云网等20家平台服务商,能够提供研发设计、产品全生命周期管理与服务优化等多项上云服务[①]。

融合应用示范作用更加凸显。 借鉴了先进城市经验,开展以免费智能诊断服务为抓手的企业智能化改造升级行动,启动市级数字化车间和智能工厂评定,引导6万余家中小企业上云用平台,培育了国家级工业互联网试点示范、工业互联网平台创新领航应用案例等示范项目57个。目前,全市"两化融合"水平居副省级城市第五,数字化研发设计工具普及率高于全国平均水平16个百分点[②]。

通信网络基础设施加快建设。 重点推动内网改造、外网建设,截至2022年,建成微网优联等10余个5G应用示范工厂,建成5G基站6.5万余个。积极推进重大通信网络基础设施项目建设,上线工业互联网标识解析国家顶级节点(成都托管与灾备节点),成功融入国家"5+2"体系布局;建成5个标识解析二级节点,新增入库4个行业二级节点,成都标识解析量增长约5倍,进入全国前五,应用覆盖电子信息、食品饮料等12个行业领域[③]。

数字化装备及软件支撑能力显著增强。 成都集聚了西门子、精量电子、成都工具研究所、普什宁江、卡诺普、航天云网、成焊宝玛等关键零部件、高端数控机床、工业机器人、工业软件、系统集成服务等领域的重点企业,部分企业技术已达到国内行业领先地位。例如,成都工具研究所的精密切削工具、精密测量仪器以及表面改性处理等技术处于国内领先水平,普什宁江的"FMS柔性制造系统""精密五轴加工中心"实现国内领先,卡诺普实现工业机器人控制系统、伺服系统两大核心技术全自主开发。

网络安全防护能力不断提升。 成都在网络安全产业、工业领域网络信息安全监测等方面具有较好基础,联合重庆成功授牌国家网络安全产业园区(成渝地区)。

[①] 成都市经济和信息化局:《全市重点产业链建圈强链评估报告汇编》《成都市工业互联网产业建圈强链2022年工作总结及2023年工作计划》,2022年。
[②] 成都市经济和信息化局:《全市重点产业链建圈强链评估报告汇编》《成都市工业互联网产业建圈强链2022年工作总结及2023年工作计划》,2022年。
[③] 成都市经济和信息化局:《全市重点产业链建圈强链评估报告汇编》《成都市工业互联网产业建圈强链2022年工作总结及2023年工作计划》,2022年。

目前，已聚集了四川大学、电子科技大学、成都信息工程大学、中电科10所和29所等信息安全领域高校院所，培育了中国网安、卫士通（电科网安）等一批细分领域本地龙头企业，在密码保护、高安全信息系统集成等领域处于国内领先。依托成都市工业信息安全监测平台，将全市3250家重点企业的5404个联网系统纳入实时监测，锁定22个境外高危攻击者IP并做好常态化监控，工业领域网络信息安全监测能力不断提升。

二、链主企业加快培育

成都工业互联网产业缺乏具有区域影响力、行业带动力的细分领域领军企业，初步考虑在工业互联网平台、数字化装备、工业互联网安全、工业软件等关键环节，遴选一批准链主企业培育，目前拟选了8家企业。其中，工业互联网平台领域为积微物联、安睿智达，数字化装备领域为卡诺普、普什宁江、西门子，工业互联网安全领域为中国网安、亚信安全，工业软件领域为成飞公司。

三、创新平台加快建设

成都主要汇聚了专业服务型、公共服务型两大类工业互联网产业创新平台。专业服务型创新平台方面，引进培育了中国信息通信研究院工业互联网（成都）创新中心、工业互联网（成都）创新中心、SAP（四川）产业赋能中心、四川大学工业互联网研究院、西南交通大学互联网+产业创新研究院、成都信息工程大学产业互联网研究院等创新平台。公共服务型创新平台方面，引进培育了成都智算中心等国家级创新平台，以及四川省工业信息安全创新中心、成都川哈工机器人及智能装备产业技术研究院有限公司、工业云制造创新中心等省级创新平台。

四、关键要素加速集聚

工业互联网产业跨技术、跨学科、跨领域融合特征明显，对资金、人才等要素需求较高。成都在资金方面，已经成立成都航天工业互联网智能制造产业投资基金、成都新经济天使投资基金、成都市新经济产业股权投资基金等多个产业基金，同时，加大政府政策资金支持，并通过壮大贷给予60余家企业金融贷款支持。在人才方面，围绕数字化装备、工业互联网平台、工业软件、网络信息安全等关键领域，已经聚集了一批行业领军人才。

五、协同发展格局加快形成

按照产业建圈强链要求，目前初步考虑将成都芯谷、天府智能制造产业园、龙泉汽车城、成都新经济活力区作为主要承载地，龙潭工业机器人产业功能区、简州智能装备制造新城、成都欧洲产业城作为协同发展地。其中，成都芯谷重点布局工业互联网共性服务平台和关键技术研发，完善创新载体建设，加快推动科技成果孵化，打造工业互联网创新策源地和共性平台集聚地；天府智能制造产业园重点布局功能型平台和工业数字化装备，打造工业互联网集成服务高地和装备供给高地；龙泉汽车城依托秦川物联、领吉汽车、中嘉汽车等龙头企业，打造面向汽车制造领域的工业互联网解决方案供应商聚集地；成都新经济活力区依托国家级工业软件协同攻关和体验推广中心等创新载体，打造具有全国标识度和影响力的工业软件高质量发展聚集区；龙潭工业机器人产业功能区重点布局智能传感器、工业机器人、自动焊接装备等智能生产设备，打造国内一流的工业机器人生产基地；简州智能装备制造新城重点发展智能工业装备、新型电子元器件，与天府智能制造产业园协同联动，打造工业数字化装备协同发展地；成都欧洲产业城依托思爱普（四川）产业赋能中心、中欧（成都）智能制造合作园区等产业载体，协同打造适欧适铁的高端智能装备制造基地。

第三节 未来发展方向

当前，全球工业互联网整体进入"由点及面、规模突破"的推广期。而我国工业互联网发展也进入了"落地深耕"的快车道，政策红利还将持续释放。《中共中央关于制定国民经济和社会发展第十四个五年规划和二〇三五年远景目标的建议》要求，系统布局新型基础设施，加快第五代移动通信、工业互联网、大数据中心等建设；《关于深化新一代信息技术与制造业融合发展的指导意见》强调，要加快工业互联网创新发展，提升制造业数字化、网络化、智能化发展水平；《工业互联网创新发展行动计划（2021—2023年）》确立了未来三年我国工业互联网发展的重点领域和关键目标。近年来，成都市工业互联网产业发展取得了一些成绩，但对标上海、深圳等先进地区，在平台建设、融合赋能等方面，还存在较大差距。综合考虑产业发展趋势、政策导向和具体实际，建议成都以制造强市战略为统领，以工业互联网融合应用为牵引，以市场主体引育、平台体系提档升级、示范应用培育、基础底座增强为重点，加快推进工业互联网产业建圈强链，赋能制造业数字化智能化转型。

一、加快引育高能级市场主体

通过研究国内外工业互联网较为发达的国家及城市，可以发现工业互联网发展与先进的互联网技术和强大的制造业密切相关。如：美国依托IT企业，强调工业互联网应用赋能，助力航空制造、汽车制造等领域提质增效；德国依托强大的数字化装备制造企业，侧重加强工业互联网标准与现有工业标准衔接，形成竞争优势。而成都在互联网技术和制造业领域均缺乏国际国内领军企业，需要采取引培并举措施，加速集聚一批高能级市场主体，才有望在未来的工业互联网产业竞争中赢得一席之地。一方面，加强企业招引，聚焦产业链关键环节、产业技术短板，紧盯国际国内链主企业精准招商，引进一批优秀领军人才、开发团队和运营团队，促进先进技术成果产业化落地。另一方面，强化企业培育，针对拟培育的链主企业，给予"一企一策"扶持，培育一批"有根"链主企业；针对高成长创新企业，采取梯度培育方式，力争培育一批单项冠军和专精特新"小巨人"企业。

二、加快推动平台体系提档升级

工业互联网平台是工业全要素链接的枢纽与工业资源配置的核心，在产业链中处于关键位置。截至2022年，工信部已经认定了海尔卡奥斯、航天云网、徐工汉云等28个跨行业跨领域工业互联网平台（即综合型平台或"双跨"平台）[1]。目前，成都尚无企业进入跨行业跨领域工业互联网平台名单，且全市具有特色的工业互联网平台数量不多，资源聚合能力以及面向制造业数字化转型的支撑能力不足。基于此，成都应大力招引工业互联网优势平台落地，积极培育本土平台做强做优，全力支持龙头企业打造1~2个国内领先的"双跨"综合型平台，增强工业互联网一体化解决能力。同时，聚焦智能终端、航空装备、汽车制造等细分行业，围绕设备联网、云化工业控制、协同制造、开发者社区、技术解决方案等主题，率先培育一批

---

[1] 工业和信息化部：《2022年新增跨行业跨领域工业互联网平台清单公示》，https://www.miit.gov.cn/zwgk/wjgs/art/2022/art_844835fa9c774354bc5548bd45aa62ca.html。

区域优势明显、产业特色显著的"特色型""专业型"工业互联网标杆平台。

三、加快开展应用示范培育

我国开展了工业互联网应用探索和模式创新，工业互联网融合应用催生的新模式新业态是我国工业互联网产业发展的特色之一，已形成了智能化生产、个性化定制、网络化协同、服务化延伸等典型应用。这些典型应用的探索与制造业数字化发展水平息息相关，需要企业自身内部全流程纵向集成，以及企业外部全产业链横向集成。因此，成都应引导企业分级分类进行数字化改造，按照"数字化关键工序—数字化生产线—数字化车间—智能工厂"的建设梯度，打造典型数字化关键工序和生产线、智能工厂和数字化车间，培育一批标杆企业。同时，围绕电子信息、新型材料、装备制造、生物医药、绿色食品等重点行业个性化需求，分类开展免费智能诊断服务、智能制造能力成熟度评估，不断提升行业数字化水平。

四、加快夯实基础底座支撑

工业互联网基础底座主要包括网络通信、标识解析等基础设施。其中，网络是工业数据传输交换和工业互联网发展的支撑基础，成都在工厂外网建设较好，需要重点加强布局5G、IPv6等新型网络设施，实现重点园区和龙头企业光纤、5G"双千兆"全面覆盖，但内网建设较为薄弱，需要重点支持企业利用5G、窄带物联网（NB-IoT）、低功率物联网（LoRa）等改造内网，推动互联改造和产品服务互联升级，提升内网IP化、无线化、扁平化和柔性化。标识解析系统是工业互联网重要基础设施之一，为进一步满足工业互联网全产业链协同发展的需求，成都应优化标识解析体系，加快"星火·链网"（成都）超级节点落地，并大力推广标识解析的应用，率先在电子信息、绿色食品等重点行业或细分领域形成规模应用。

第十章
卫星互联网产业链

卫星互联网是以卫星为接入手段的互联网宽带服务模式，具有低时延、低成本、广覆盖、宽带化等优点，正加速与地面通信网络互补融合，逐步构建覆盖空天地海一体化的网络体系，将为我国抢占空间发展制高点注入强劲动能。成都在卫星通信终端、卫星载荷、相控阵天线、信关站、基带芯片、网络安全等领域形成了全国领先优势，加快发展卫星互联网产业，抢占新技术赛道布局先机，有利于培育新的经济增长点，为未来城市发展创造更多竞争优势。

第一节　总体建设情况

一、开展卫星互联网专项研究

2022年以来，成都市相关部门联合高校院所、企业专家，多次开展卫星互联网专题研究，重点分析了全球及全国卫星互联网发展趋势，对标北京、上海、深圳、重庆等重点城市发展情况，对成都卫星互联网产业链、创新链建设情况及面临的机遇和挑战进行了深入研究分析，明确成都将聚焦地面设备、卫星应用及运营服务等产业链中后端环节，打造卫星互联网产业应用端集群，与北京、上海等以央企、国企为主的卫星研制、火箭发射等前端产业形成错位发展。

二、完善产业发展顶层设计

政策方面，市级层面出台了《成都市北斗产业发展规划（2021—2030）》《成都市卫星互联网与卫星应用产业发展规划（2023—2030年）》；高新区、金牛区、简阳市等重点区（市）县加快完善政策体系，出台《成都高新区关于聚力新基建培育新动能的实施意见》《简阳市航天产业发展规划》《金牛区卫星互联网产业发展行动计划》《金牛区促进"北斗+"产业发展若干政策》，支持发展卫星互联网产业。市区联合编制"3图4表"卫星互联网产业链全景图，图谱化展示了产业链构成、产业发展布局、链主企业布局，清单式梳理了国际国内领军人才、产业基金、创新平台、关键技术等要素资源（卫星互联网产业链全景图见图2-10-1）。

三、开展重大项目攻坚行动

聚焦卫星载荷、卫星整星研发制造、卫星总装测试等关键环节，着力招大引强，加速引入龙头企业，签约引进了银河航天卫星通信载荷及毫米波研发制造基地、东方红卫星低轨通信卫星系统研发及生产应用基地等重大项目。围绕龙头企业、重点企业，梳理上下游关键配套企业，大力招引产业链补链强链重点项目，成功引进天奥电子合作伙伴三环集团，在成都落地建设研究院及通信材料和半导体新材料研发制造项目。全力推进重大项目建设，推动北京星空年代共建"一带一路"高通量宽带卫星产业基地（一期）、简阳市星河动力商业运载火箭创新研发生产基地等一批重点项目加快建设。

四、搭建多元化交流合作平台

围绕提升产业显示度和影响力，联合中国卫星应用产业协会，举办"2022世界互联网大会·中国卫星互联网应用成果发布会"。围绕企业融资需求，举办卫星互联网产业发展沙龙、2022成都新经济投融资对接会"金融强企行·卫星互联网专场"等活动，推动众多投资机构、金融机构和企服平台代表走进园区，开展助企服务。鼓励企业走出去、开拓市场，组织航天二院成都分院、天奥电子、蓉威电子等企业参加第十四届国际航空航天博览会等专业性展会，推广新产品、新技术。

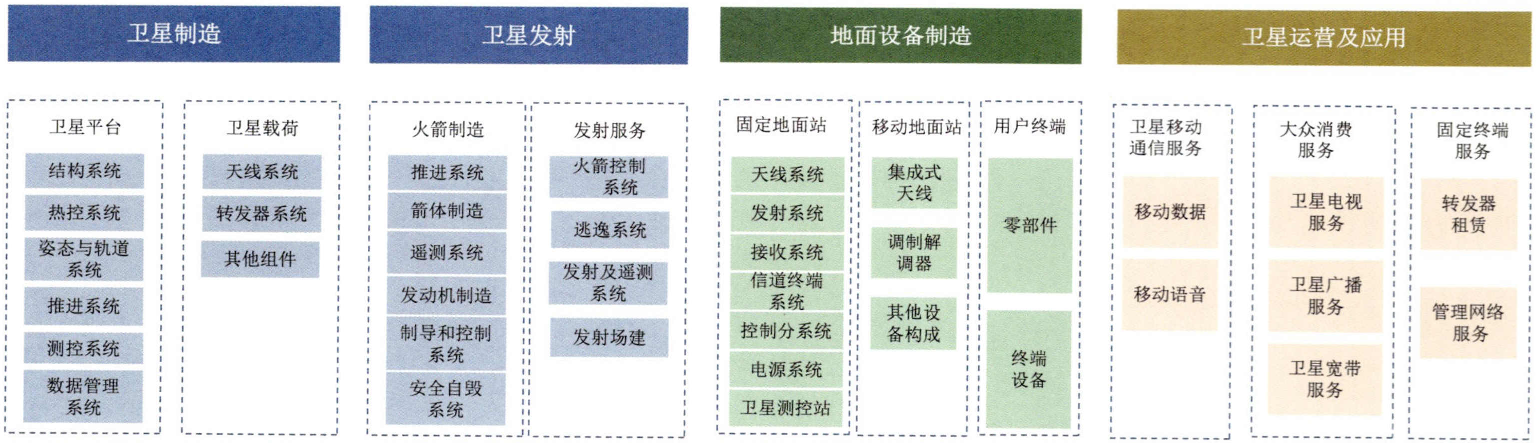

图2-10-1 卫星互联网产业链全景图

卫星制造
- 卫星平台：结构系统、热控系统、姿态与轨道系统、推进系统、测控系统、数据管理系统
- 卫星载荷：天线系统、转发器系统、其他组件

卫星发射
- 火箭制造：推进系统、箭体制造、遥测系统、发动机制造、制导和控制系统、安全自毁系统
- 发射服务：火箭控制系统、逃逸系统、发射及遥测系统、发射场建

地面设备制造
- 固定地面站：天线系统、发射系统、接收系统、信道分系统、控制分系统、电源系统、卫星测控站
- 移动地面站：集成式天线、调制解调器、其他地面设备构成
- 用户终端：零部件、终端设备

卫星运营及应用
- 卫星移动通信服务：移动数据、移动语音
- 大众消费服务：卫星电视服务、卫星广播服务、卫星宽带服务
- 固定终端服务：转发器租赁、管理网络服务

成都产业链条概况

成都聚集四川航天技术研究院、中电科10所、中电科29所、振芯科技、天奥电子、盟升电子、国星宇航、星空年代等一批龙头骨干企业，初步构建了"卫星研制+卫星发射+卫星地面设备+卫星运营及服务"的产业链，在卫星通信终端、卫星载荷、相控阵天线、信关站、基带芯片、网络安全等领域已形成了全国领先优势。

—68—

第二节 建设成效

一、产业链条初具雏形

截至2022年，全市卫星互联网与卫星应用规模达113.1亿元[①]，初步构建起"卫星制造+卫星发射+卫星地面设备+卫星运营及服务"的全产业链。卫星制造环节，集聚国星宇航、中电科29所、天奥电子、恪赛科技、瑞迪威等优质企业，具备整星研制与核心器件配套能力。卫星发射环节，以四川航天技术研究院等国家队企业为主，具备火箭、卫星单机配套、总装测试能力，正加快布局商业发射领域。卫星地面设备环节，中电科10所、星联芯通等企业进入国家级卫星互联网星座应用端配套体系。卫星运营及服务环节，拥有星空年代、振芯科技、天奥电子、四川九洲、四川启迪等代表企业，在宽带卫星网络运营、空间信息应用、北斗导航应用等领域优势突出。

二、企业集聚共生态势良好

集聚中电科10所、中电科29所等一批大院大所，累计培育国家级专精特新"小巨人"企业14家、上市企业6家、上规企业78家，5家企业入选2022中国商业航天企业百强榜单，形成以龙头企业为引领、专精特新企业为支撑的协同共生企业生态。龙头企业方面，中电科10所是我国最早参与航天事业的单位之一，承研了全国航天测控网70%的设备[②]；中电科29所是我国主要的北斗卫星载荷、电子侦察卫星载荷的研发和生产单位。骨干企业方面，拥有振芯科技、天奥电子、盟升电子等代表企业，研发出北斗卫星授时模块、北斗卫星芯片等标志性产品，具备关键零部件配套能力。

三、产业创新生态加快完善

创新平台方面，已集聚卫星互联网与卫星应用领域创新平台38个，其中国家重

[①] 成都市经济和信息化局：《成都市卫星互联网与卫星应用产业发展规划（2023—2030年）》，2023年。

[②] 徐莉莎、田姣：《新"太空出差三人组"进入中国空间站！王亚平的发型太抢镜了》，https://mp.weixin.qq.com/s/4WNPFf_ge4mR2V8j0TnvAg。

点实验室4个、国家企业技术中心3个、省级创新平台5个，在光电通信、高分子材料、通信抗干扰等领域具备领先优势。创新主体方面，拥有电子科技大学、四川大学、成都理工大学、中国航天科工二院成都分院、中国科学院成都分院等10余所高校院所，在电子功能材料、电磁辐射控制、空间飞行器、导航测绘等领域的技术创新水平全国领先。创新人才方面，聚集了陈鲸、秦开宇、陆川等院士、专家、企业家领军人才50余人。陈鲸院士主持的卫星侦察成套设备、远程卫星数据信号综合处理系统等多个项目获得国家科学技术进步奖；秦开宇承担多项国家重大专项等领域重要项目，研究成果获得国防科技二等奖。

四、产业空间布局基本形成

形成了以成都新经济活力区、成都金牛高新技术产业园为核心承载地，以成都空天产业功能区、龙泉汽车城、成都未来科技城、成都电子信息产业功能区、成都芯谷、中法生态园为协同发展地的"双核六极"空间格局。成都金牛高新技术产业园建设了国家高分四川中心、中国卫星应用服务平台西南中心站、四川卫星资源中心等国家省级重大平台，集聚中电科10所、中电科29所、中国航天科工二院成都分院等科研院所，卫星电子器件研制、地面设备、空间信息应用等产业发展态势较好。成都新经济活力区在5G通信、人工智能、大数据、网络安全等领域具备产业基础和技术优势，重点布局发展整星、用户终端设备及关键核心零部件研制、"通导遥"数据应用、产业平台搭建等环节。成都空天产业功能区已聚集长征装备、星河动力、星空年代、华奥天星等众多航天科研院所和头部企业，形成运载火箭大规模总装总测等基础配套和定向服务竞争力。

第三节　未来发展重点

当前，卫星互联网已成为各地抢占下一代信息通信技术制高点的重要赛道，北京、上海、西安、武汉等城市相继出台政策意见，积极布局发展卫星互联网产业。对标上述先发城市，成都卫星互联网产业缺乏总体牵头单位，关联企业多为中小企业，分布在高新、金牛、双流、龙泉、简阳等多个区（市）县，优势资源力量缺乏有效整合，且企业多以科研生产为主，未形成规模化生产能力，难以满足总体单位对降成本的要求，产业链仍待进一步完善。下一步，需要找准产业链关键环节精准发力,以国家重大工程项目为牵引,全力推进产业链补链强链和融合应用。

一、明确产业发展方向

纵观国内卫星互联网产业,第一轮布局基本成型,产业发展重心主要集中在卫星制造和发射环节[①]。随着国网工程加快推进,地面设备、卫星运营及应用产业发展将进入快车道,由卫星互联网牵引带动的衍生行业市场潜力也将逐步释放,预计总市场规模将达万亿元。卫星总体研制主要由航天五院、航天八院等国家队主导,卫星发射属特殊管制领域,行业进入壁垒较高,建议成都以卫星载荷、地面设备、卫星运营及服务等优势领域为切入点,着力提升卫星载荷、地面设备总成能力,强化卫星互联网应用示范和服务创新,推进空间信息数据存储、挖掘和应用,培育"软件定义卫星"产业和"卫星互联网+"新业态,从而打造卫星载荷及地面设备研制高地、"卫星互联网+"创新应用示范区和天地一体化网络枢纽城市。

二、争取国家重大工程项目布局

卫星互联网主要星座建设计划由国家统筹部署推进,由中国星网集团、航天科工、航天科技等国有企业具体承担。成都是我国重要的国防科技工业基地,航空航天、军工电子产业基础较好,与航天科技系、航天科工系科研院所具有良好的合作基础,可以进一步深化战略合作,争取更多项目总部或配套基地落户。同时,鼓励本地龙头企业、科研院所参与国家星网工程,承接卫星载荷研制、测运控站点建设、信关站建设、航天任务中心级总体系统集成建设等任务,争取船载、机载、车载等卫星通信终端的样机研制和产品生产任务,抢占产业发展先机。

三、引进培育细分领域链主企业

随着我国商业航天市场不断开放,银河航天、九天微星等一批具有较强科技实力的民营企业加速入局,在微小卫星研制、卫星制造分系统、地面设备制造(相控阵天线、基带芯片等)等细分领域占据竞争优势,推动卫星互联网产业格局由国家队垄断向军民协同发展的格局转变[②]。因此,在企业招引方面既要关注大型国有

[①]《华讯投资:星汉灿烂,"新基建"下卫星互联网蓄势待发,产业链机遇几何?》,https://news.pedaily.cn/20200821/4228.shtml。

[②]《卫星互联网产业专题深度报告》,https://mp.weixin.qq.com/s/rXoCfXTmuW4Dg4AH2VZ6rg。

企业，更要关注加速崛起的新生力量，着力引进一批优质企业、科研团队和研究机构，积极构建"元器件—终端—系统—服务"一体化产品链条。在企业培育方面，鼓励龙头企业投资建设卫星载荷、地面终端设备生产工厂，提升工业化、批量化生产能力。鼓励优势软件企业开展软件定义卫星技术研发攻关，培育打造一批卫星通信终端、星载软件等领域标杆企业和航天应用商店等平台型企业。

四、推动卫星互联网融合应用

西南地区地形地貌条件复杂，宽带通信覆盖率不高，在轨道交通、航空、防灾救灾、应急管理、流域治理、气象观测等领域卫星互联网应用前景广阔。推动卫星互联网商业化应用，应重点强化平台和场景支撑。平台方面，依托四川省卫星资源中心，搭建公共技术服务平台，整合国家、省、市卫星数据资源和创新资源，推动军民商、天空地、通导遥多源数据融合共享，提供对外展示、政策宣贯、供需对接、产品推广等服务。场景方面，重点打造"卫星互联网+智慧城市""卫星互联网+智慧交通""卫星互联网+智慧应急"等示范场景，支持企业围绕智慧城市、生态保护、防灾减灾、水务监测和应急响应等市场需求，探索成熟的商业模式。

第十一章

航空发动机产业链

航空发动机被誉为"现代工业皇冠上的明珠",是衡量一个国家科技、工业和综合国力的重要标志,是国家安全的重要保障,具有极高的经济、政治和军事价值。成都是国家战略布局的军用航空发动机预研、试制基地,是国内4个(沈阳、成都、株洲、上海)同时具备航空发动机整机研发和制造能力的城市之一。加快落实产业建圈强链部署,建强航空发动机产业链,打造优势突出、创新力强、拥有知名品牌的航空发动机产业集群,提升成都在全球航空发动机产业版图中的分工地位和供应链层级成为重点。

第一节 总体建设情况

一、完善顶层设计,明确发展路径

成都通过梳理产业发展现状,研判面临形势,进一步厘清发展思路,明确发展路径,编制形成《成都市航空发动机产业"十四五"发展规划(征求意见稿)》,提出建设国际知名的航空发动机研制基地,为未来几年行业发展提供指导。

组建工作专班,明确责任分工,从发展目标、重点任务、保障措施、进度要求等方面,统筹推进航空发动机产业链建设。

二、编制产业图谱,摸清产业底数

组织专班对航空发动机产业进行深化研究,通过解析产业链,梳理产业发展的国际国内领军企业，以及人才、资金等要素情况，编制形成产业图谱，即产业链总图谱、链主企业分布图、重点产品链图、产业发展路径图、人才需求清单、产业基金清单、关键平台清单、关键技术需求清单、招商企业名录清单，实施挂图作战。航空发动机产业链全景图见图2-11-1。

三、出台专项政策，形成精准化政策支持

按照"一条重点产业链一套扶持政策"的要求，2022年，成都市制定了《航空发动机产业专项支持政策（征求意见稿）》，提出从争取国家战略布局、强化产业投资驱动、支持产品适航取证等方面，对符合条件的航空发动机产业链企事业单位和行业协会给予资金支持。

四、打造航空产业建圈强链平台，推动产业供需对接

航空发动机产业发展受军民融合壁垒、信息保密等因素影响，研制存在"管理孤岛""数据孤岛""技术孤岛"等难题。为加强行业交流沟通，由成都航空航天产业联盟牵头，联合航空发动机链主企业共同推进，打造航空产业建圈强链平台，已聚集了超过20个城市的企业、高校院所，重点围绕企业院所供需，开展信息征集、发布和对接。

第二节　建设成效

一、产业链培育

依托中国航发四川燃气涡轮研究院、中国航发成都发动机有限公司、国营川西机器厂等企业院所，在航空发动机研发、制造、维修等领域形成了一定的基础和实力。2022年，全市航空发动机产业实现营业收入240亿元，同比增长21%。从产业链上游看，研发设计环节优势明显。成都是我国航空发动机自研体系核心城市之一，依托中国航发四川燃气涡轮研究院研发优势，在中小型涡扇航空发动机研发技术领域全国领先。同时，实验室的落地建设，将进一步筑牢航空发动机基础研究、关键技术支撑。从产业链中游看，生产制造环节具备基础。成都是国家大型涡扇发动机整机的重要制造基地，具备航空发动机研制生产所需的成套能力，关键材料及核心部件在部分环节取得突破，并形成比较优势。从产业链下游看，维修服务环节

第二篇　重点产业链篇

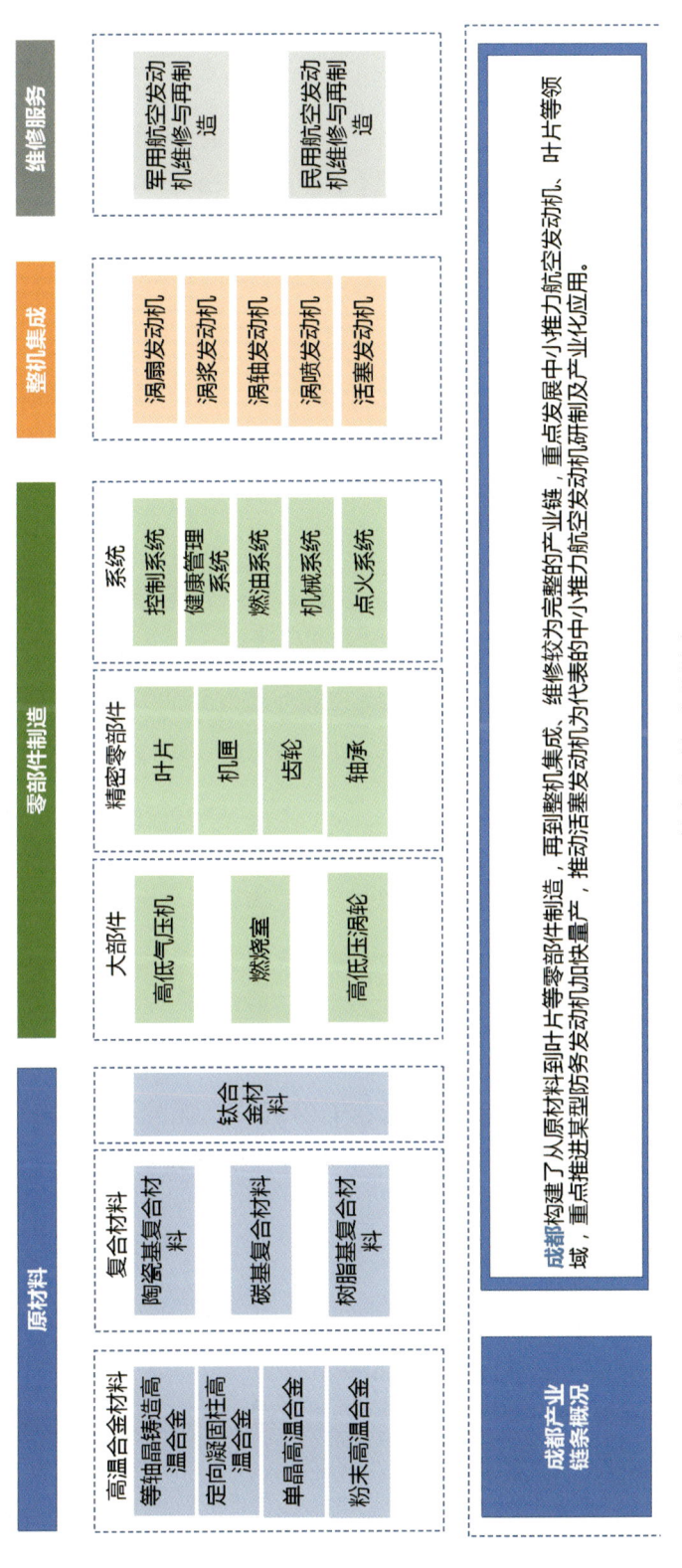

原材料		零部件制造		整机集成	维修服务
高温合金材料：等轴晶铸造高温合金、定向凝固柱状高温合金、单晶高温合金、粉末高温合金		大部件：高低压气机、燃烧室、高低压涡轮		涡扇发动机	军用航空发动机维修与再制造
复合材料：陶瓷基复合材料、碳基复合材料、树脂基复合材料		精密零部件：叶片、机匣、齿轮、轴承		涡桨发动机	民用航空发动机维修与再制造
钛合金		系统：控制系统、健康管理系统、燃油系统、机械系统、点火系统		涡轴发动机	
				涡喷发动机	
				活塞发动机	

成都产业链条概况：成都构建了从原材料到叶片等零部件制造，再到整机集成、维修较为完整的产业链，重点发展中小推力航空发动机、叶片等领域，重点推进某型防务发动机加快量产，推动活塞发动机为代表的中小推力航空发动机研制及产业化应用。

图2-11-1　航空发动机产业链全景图

—75—

潜力巨大，在军民两用航空发动机维修方面均形成了一定保障。

二、"链主+配套"企业

目前，航空发动机已初步形成了"链主聚配套"的良好发展态势。链主企业方面，初步确定了中国航发成都发动机有限公司、中国航发四川燃气涡轮研究院、国营川西机器厂等航空链主企业，建立完善"一对一"服务机制，推动某主力型号整机、发动机批量化生产。

配套企业方面，充分发挥链主企业引领作用，推动强链补链延链，全力提升配套企业能级。一方面，加快引进配套企业，依托中国航发成都发动机有限公司，共建航空发动机产业园，由链主企业定标准，筛选引入黎明机电、大金航太等优质配套企业，同时，明确未来关键配套企业招引目标。另一方面，提升本地配套企业能级，重点推动本地航空发动机关键材料企业，在单晶合金及高效气冷叶片、钛合金、增材制造等领域形成技术优势。成都裕鸢、和鸿、航润等企业具备生产供应燃烧室、高低压涡轮、风扇及压气机三大核心部件的配套能力，泛华航空的航空燃油测量控制系统和点火系统在国内占据较大市场份额。

三、创新平台

成都坚持创新平台是科技创新的基础支撑，在创新发展中具有基础性、先导性作用，全力推动航空发动机领域高能级创新平台建设。截至2022年底，成都拥有国家高端航空装备技术创新中心、民航科技创新示范区等一批国家级创新平台及其分支结构，中国航发涡轮院科创中心、上海交大四川研究院、北航成都创新研究院、成都先进推进技术研究中心等新型研发机构，四川省航空智能制造装备工程技术研究中心、四川省数字化制造工程技术研究中心等市级认定的创新平台。

四、要素配置

成都精准匹配要素资源，着力优化航空发动机产业生态环境。金融要素方面，发挥重产基金、科创基金牵引作用，与市场化基金统筹联动，引导成立航空产业基金。人才要素方面，完成2022年度航空发动机产业建圈强链人才申报行动计划，新培育一批航空发动机产业链领军人才。

五、载体建设

成都加快推进重点片区建设，布局打造天府动力源"1源3片"，即天府新区航空动力科创区、新都区成都航空制造城、青羊区航空新城。强化产业园区载体支撑，加快构建以新都现代交通产业功能区为主要承载地，成都未来科技城（航空零部件）、天府国际航空经济区（航空制造与维修）、双流航空经济区（航空维修与制造）、成都工业创新设计功能区（航空整机及零部件）、彭州丽春航空动力小镇（航空动力特种材料及维修）等为协同发展地的错位联动发展格局（见专栏2-11-1）。

> **专栏2-11-1　成都市重点区（市）县航空发动机产业情况**
>
> 全市航空发动机产业主要分布在新都区、青羊区、天府新区、彭州市、双流区、高新区、东部新区等地。围绕"三个做优做强"和重点片区开发，全市布局打造天府动力源"一源三片"（天府新区航空动力科创区、新都区成都航空制造城、青羊区航空新城），促进产业链创新链深度融合，推动全市航空发动机产业基础高级化、产业链现代化发展。

第三节　未来发展重点

航空发动机产业是一个国家科技水平、军事实力和综合国力的集中体现，也是世界科技强国竞相角逐的战略性产业。尽管成都航空发动机产业建圈强链取得明显成效，但对标株洲、西安等城市，仍存在以下短板：一是链主企业带动不足。缺乏自主研制并量产的成熟发动机产品，产业规模和带动效应亟待提升。二是关键环节创新不强。航空发动机基础共性技术研究不足，基础材料和关键零部件依赖进口，具有自主知识产权的核心技术和产品较少；深度维修能力尚待提升。三是产业链关联度不高。航空发动机研发、制造、维修保障三大环节存在脱节，链主企业之间直接合作较少，合作共赢发展效应尚不明显。

党的二十大报告对产业链供应链安全提出要求，坚持以推动高质量发展为主题，着力提升产业链供应链韧性和安全水平。同时提出，要完善科技创新体系，强化国家战略科技力量，推动高水平科技自立自强。航空发动机产业是成都具有发展积淀、增长活力、竞争实力的重点产业，有望在主动服务国家战略中走在前列。成都应紧抓航空强国战略机遇期，面向国防安全和经济建设需求，加快聚集全球高端要素资源，以产业链"强核心、补短板、提价值"为主线，推动基础研究、关键核心技术能力提升，重点攻关研发设计、原材料、制造、维修服务等领域，强化链主配套企业支撑，全面提升成都在全球航空发动机产业版图中的分工地位和供应链层级，打造国际知名航空发动机研制基地。

一、明确产业发展重点

产业发展重点的选择既要顺应产业发展趋势，契合国家及省市战略导向，又要结合本地产业发展现状，综合考虑、科学研判。目前，先进航空发动机面临由低适用性向高适用性、由机械化向数字化及智能化、由化石能源向可持续能源转变的趋势。同时，随着全球竞争愈发激烈，我国航空发动机加快从跟踪研仿向自主研制转变。成都应依托研发设计、原材料、制造、维修服务等领域的基础优势，重点提升大推力高性能发动机和先进燃机的整机研制水平，以整机为牵引，带动高温合金、钛合金等基础材料、关键零部件以及维修服务集群发展。

二、强化链主配套支撑

推动产业建圈强链，"链主"企业是灵魂，是引擎，能否发挥资源优势，带动产业链配套企业聚合发展，是决胜未来的关键所在。成都应强化链主企业核心能力，深化链主企业、关键配套企业之间整体配合，加快培育一批高质量企业。一是推动链主企业做大做强，紧扣国家战略，支持链主企业积极争取更多国家航空发动机专项及总装研制任务，提升整机研制能力。二是支持配套企业专精特新发展，实施"政策支持+投资孵化+科技服务"定向扶持组合拳，推动实验室、科研仪器设备等资源向企业开放，提升配套企业能级，加快培育一批具有国际竞争力的专精特新、单项冠军"小巨人"企业。三是推动链主配套企业融通发展，促进链主企业向配套企业开放供应链，在原材料生产、零部件制造、发动机维修等方面强化配套协作，着力形成链主与配套稳定合作关系。

三、推动产业创新发展

创新是第一动力,应充分发挥科创平台强链聚链功能,紧密围绕产业链部署创新链,强化创新主体地位,打通科技成果转化"最后一公里"。一是推动创新平台载体建设,平台是汇聚先进要素的载体,是推动产业建圈强链的基点,应高标准建设国家高端航空装备技术创新中心等高能级平台;加快建设全国首个民航科技创新示范区,打造国防工业科技成果区域转化中心。二是推动校院企地合作,围绕航空发动机制造专业需求,推进校院企地深度合作,打造更加开放的航空制造工艺、智能制造示范中心等平台。三是推动科技成果转化,依托国防工业科技成果区域转化中心等平台,有效整合科技成果、科技人才、设施设备、中介服务等要素资源,实施一批重大科技成果转化和产业化项目。

四、精准资源要素保障

聚焦航空发动机产业发展需求,优化资源要素配置,着力推进土地、金融、人才等要素打造新优势,探索形成集成整合、协同配套、精准高效、符合成都实际的航空发动机政策支撑体系。一是强化土地要素供给,充分预留航空制造等产业发展空间,提升重大项目空间承载能力。二是强化金融要素供给,依托航空产业发展投资基金等,对航空发动机产业化项目、科研项目、创新载体建设等予以重点支持。三是强化人才要素供给,推行"企业提需求+政府给支持"模式,联合引进行业领军人才、"高精尖缺"人才,精准配套社区服务、人才公寓等生活性服务设施,抓好医疗、子女教育、技能认定等方面服务保障工作。

第十二章
工业无人机产业链

无人机产业是全球战略性新兴产业之一，综合集成了航空技术、控制技术、新材料、新能源等多学科技术。随着无人机市场规模和应用领域不断扩大，工业级无人机在农业植保、航拍航测、电力巡检等领域成为新热点，是通航产业发展的重要突破点。成都是国家航空高技术产业基地，全国首批低空空域协同管理改革试点区，发展工业无人机产业优势明显。

第一节 总体建设情况

一、创新工作机制，高位统筹推进

坚持体系思维、系统推进，按照"6个1"工作机制，成立链长领导下的工作专班，聚焦企业发展、项目招引、要素保障等重点方面，定期调度，以明确发展目标、重点任务及保障措施。实施重点企业专员专班服务行动，及时协调解决企业生产经营中面临的困难问题，助力纵横自动化、中航无人机成功登陆科创板，腾盾科创全国总部基地项目顺利推进，沃飞长空实现上规。

二、编制发展规划，明确目标定位

综合研判工业无人机产业国际国内最新动态及未来发展方向，着眼加速融入全球分工体系和全国发展格局，编制形成《成都市工业无人机产业"十四五"发展规划》，厘清发展思路和重点领域，提出"十四五"期间重点发展整机研制、基础零部件及系统研发、运营服务三大环节，到2025年，产业规模突破100亿元，带动全产业链营收突破1000亿元，形成全市航空航天产业高质量发展新的增长极和动力源。

三、绘制产业图谱，找准招商目标

对照产业图谱绘制"八个清"工作要求，形成《成都市工业无人机产业"1+3+6"全生命周期图谱体系》，厘清了通用航空、艾波比等国际领军企业及彩虹无人机、大疆等国内知名企业布局情况，梳理出电池、电机、桨叶、飞控系统、导航系统等重点产品。围绕产业链关键环节，形成《成都市工业无人机产业重点企业名录》，聚焦提升工业无人机产业原始创新能力，形成《成都市工业无人机产业创新平台清单》。工业无人机产业链全景图见图2-12-1。

四、出台专项政策，加强支持力度

对标北京、深圳、上海等工业无人机产业发展领先城市产业政策，以企业诉求、产业需求为导向，通过实地调研、座谈讨论等多种方式，编制形成《关于促进工业无人机产业高质量发展的专项政策》。从专业园区建设、试飞基地建设、创新平台建设、打造拳头产品、争取国家项目、参与标准制定等六大方面提出了具有产业特色和城市特质的6条政策条款，以促进成都工业无人机产业高质量发展。

第二节　建设成效

一、产业链条逐渐完善，市场份额稳步扩大

2022年，全市9家工业无人机整机研制重点企业实现营业收入达到40亿元，整机类型涵盖从小型到大型的全种类无人机，起飞重量实现从10千克以内到吨位级的全覆盖，全市工业无人机市场份额约占全国市场的50%，形成了"研发+制造+运营+服务"较为完整的产业链条。上游环节以环翔、桑莱特等企业为代表，主要从事无人机材料、零部件销售；中游拥有中航无人机、腾盾、纵横等整机研制企业；下游拥有亿成科技、鼎飞航空等相关企业40余家[①]。

---

① 成都市产业建圈强链工作领导小组：《工业无人机产业链评估报告》，2023年。

制造业建圈强链
——高质量发展的成都实践

上游：原材料
- 碳纤维
- 玻璃纤维
- 金属铝
- 木质材料
- 泡沫材料

中游：基础零部件及系统制造

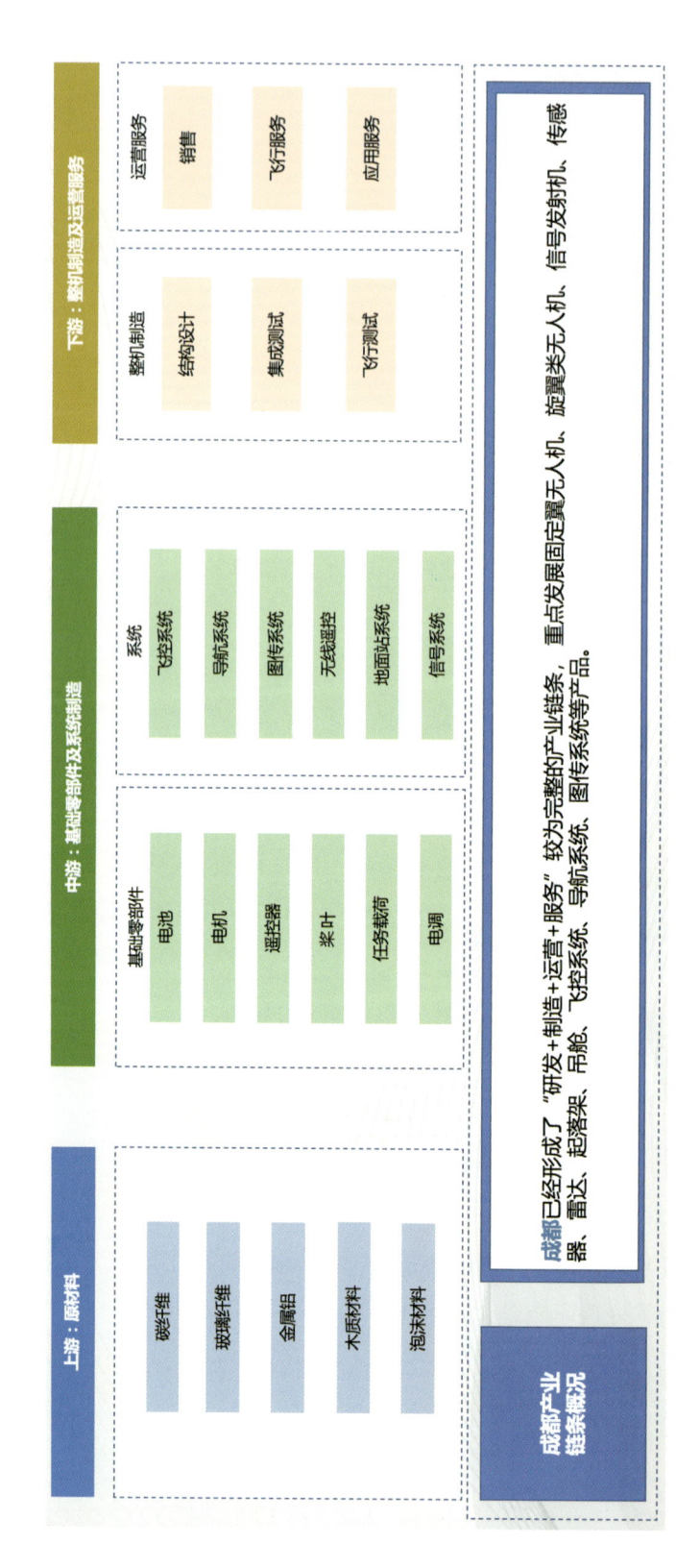

基础零部件
- 电池
- 电机
- 遥控器
- 桨叶
- 任务载荷
- 电调

系统
- 飞控系统
- 导航系统
- 图传系统
- 无线遥控
- 地面站系统
- 信号系统

下游：整机制造及运营服务

整机制造
- 结构设计
- 集成测试
- 飞行测试

运营服务
- 销售
- 飞行服务
- 应用服务

成都产业链条概况

成都已经形成了"研发+制造+运营+服务"较为完整的产业链条，重点发展固定翼无人机、旋翼类无人机、信号发射机、传感器、雷达、起落架、吊舱、飞控系统、导航系统、图传系统等产品。

图2-12-1 工业无人机产业链全景图

-82-

二、企业实力加速跃升，集聚效应加速显现

聚焦"链主+配套"融通发展，全市现已聚集产业链上下游企业110余户，中航无人机、纵横自动化、腾盾科技3家企业被确立为链主企业，纵横自动化、中航无人机相继登陆科创板，成功引进中航智科技、臻迪科技等行业领军企业；链主企业拳头产品标识显示度不断提升，中航"翼龙"系列无人机出口量居全国第二，腾盾吨位级无人机实现大型快递全国首飞。依托链主企业配套需求，加快建设重点型号无人机关键配套研制体系，瞄准机体材料、飞控系统、载荷系统、运营服务等重点领域形成链属企业培育清单，其中立航科技已成功上市，浩孚科技、恩斯迈科技实现上规。

三、标志性平台成功落地，创新体系加快建立

抢抓人工智能、5G"新基建"机遇，通过低成本、高能级的共享技术服务赋能涵盖无人机整机、零部件、原材料的全产业链协同创新发展格局，初步形成支撑无人机技术开发、产品研制、应用推广的系统化创新体系。四川省无人机产业创新中心成功落地，北京航空航天大学成都研究院、成都天府智能研究院等重点创新平台聚核作用充分发挥，民航科技创新示范区、腾盾科创全国总部基地等协同创新平台加快建设，助推工业无人机关键共性技术研发能力进一步提升，技术转移与产业化进程加快。

四、加快汇聚关键要素，产业生态不断优化

抢抓四川省低空空域改革试点机遇，加快通航基础设施建设，着力打造以淮州机场为核心的西部通航机场网络体系。依托成都市产业建圈强链人才计划，不断壮大高层次领军人才队伍，2022年认定工业无人机产业链领军人才7名[①]。研究出台全国首个无人机行业地方标准，推动产业规范运行，加大资金支持力度，成功将无人机产业纳入市级财政首台（套）支持范围。

---

① 2022年中共成都市委组织部建圈强链领军人才公示数据。

第三节 未来发展方向

尽管全市工业无人机产业展现出了良好发展态势,但对标深圳、上海等国内工业无人机发展领先城市,仍然存在较大提升空间。目前,全市在工业无人机领域缺少国家级、省级科技创新平台,不利于军品优势转化为民品优势;现有低空开放空域范围小、分布散,难以和相邻市(州)开放空域联网成片,造成通航飞行活动审批程序繁琐且获批率低,严重制约无人机产业的适航、试飞、运营需求。

未来五年,是工业无人机从制造示范到规模化应用的关键周期,更是完成从产业积累到产业暴发的黄金周期[①]。成都发展工业无人机产业有基础、有优势、有需求、有能力,下一步应坚持创新引领、整装赋能、场景拓展、集约集聚为发展思路,重点发展整机研制、基础零部件及系统研发、运营服务三大环节,着力构建完整稳定、持续发展的工业无人机全产业链,打造优势突出、特色鲜明的工业无人机产业集群。

一、加快提升产业创新能级

抢抓人工智能、新基建等系列机遇,以"辐射赋能"为导向,聚焦机体材料、控制芯片、飞控系统、激光雷达等重点领域,加快形成支撑无人机技术开发、产品研制、应用推广的系统化技术创新体系,推进我市无人机"研发、产业、应用"聚链成群[②]。同时,通过"揭榜挂帅""赛马"等方式,推动校院企地组建创新联合体,重点攻关大型通用货运无人机系统研制及应用等关键技术,提升大型无人机研制水平。

二、加快壮大市场主体队伍

支持中航(成都)无人机、腾盾科技、纵横大鹏等整机企业优化整合生产、供需等上下游环节,提升在产业链中的竞争力和掌控力,加大对国内外工业无人机龙头企业招引力度,瞄准整机企业开展针对性招商,做大"链主"企业集群。加快开

[①] 陈永灿:《2020—2021年中国无人机产业发展研究年度报告》,《机器人产业》,2021年第5期,第78页。

[②] 王颖:《上海无人机产业发展的思路与对策研究》,《中国工程咨询》,2021年第5期,第28页。

展产业链招商，以整机项目为牵引，重点补齐桨叶、电调等基础元器件以及复合材料等领域短板，建设重点型号无人机关键配套研发制造体系，积极培育零部件研制龙头企业。鼓励工业无人机企业专精特新发展，鼓励链主企业输出先进技术、标准和生产工艺，助力全市无人机重点企业加速成长为国家级制造业单项冠军企业和专精特新"小巨人"企业。

三、加快丰富应用场景内涵

以推动工业无人机"航线化、集群化、数据化"应用为导向，着力拓展应用场景。依托成渝现有通航运营基地，打造成渝无人机航运快线，开展无人机城际物流专线试点试验，着力构建覆盖成德眉资、成渝地区并辐射周边区域的无人机航运网络。充分运用无人机监测、航拍、信息传输、测绘等功能，重点推进无人机在森林防火、城市消防安全、应急保障、医疗等领域集群化应用。融合大数据、AI、5G等技术，运用无人机深入开展信息数据采集、分析、处理、呈现，推动智慧无人机在城市规划完善、智慧交通管理、生态环境保护、城市建设优化、农禽精准监测等城市治理方面广泛应用[1]。

---

[1] 张文剑、陈科、蔡凌曦：《中国无人机产业生态链的协同发展研究》，《技术与市场》，2022年第5期，第133页。

第十三章
创新药产业链

创新药是战略性新兴产业的重要组成部分，具有高投入、高风险、高回报、研发和投资周期长、严监管的特点，是国际国内产业竞争的重要领域。近年来，在生物技术、生命科学、人工智能等新技术快速突破的背景下，随着药品审评审批制度改革等不断深化，我国医药产业发展环境加速与国际接轨，创新药发展进入重要机遇期。成都创新药产业资源丰富，形成了涵盖基础研究、药物设计、临床前开发、临床试验、工业化生产的全链条创新体系，有条件在我国创新药发展中作出更大贡献。

第一节 总体建设情况

一、明确创新药产业发展方向

立足创新药知识密集、技术密集等特点，着力发挥医学、医药、医疗创新优势，以提升全球产业分工格局中的位势为指引，加快建成具有国际竞争力和区域带动力的创新药产业高地。聚焦生物技术等前沿领域，重点发展抗体药物、疫苗、细胞/基因治疗等生物制品，化学药、现代中药等细分领域。制定创新药产业链2022年度工作推进方案，压实工作责任，明确时间节点和责任单位，项目化、清单化推动工作落实。

二、精心绘制创新药产业图谱

深入分析创新药发展趋势，梳理国际国内链主企业战略布局、产业技术路线、产业链关键环节、关键配套企业，以及人才、基金等要素，精心绘制、动态完善产业图谱（创新药产业链全景图见图2-13-1）。突出产业图谱指引作用，围绕生物技术广泛应用、精准诊疗发展趋势，对标波士顿、苏州等国际国内领先城市，加快布局基因和细胞治疗、精准医学等领域，力争在未来产业竞争中抢占先机。

三、持续开展建圈强链工作调度

围绕建圈强链要求，落实"链长制"工作机制，及时统筹调度创新药推进工作。召开创新药产业链调度会、现场办公会、重点企业座谈会，协调解决成都天府国际生物城、成都医学城等医药园区建设过程中的问题，创新平台、重大项目等推进中的困难，加快构建链主企业、关键配套企业、基金、领军人才、第三方机构等高效协同的产业链体系。

四、积极举办国际性学术交流会议

聚焦创新药创新发展本质，以举办国际性学术交流会议为切入点，搭建交流平台，紧密跟踪产业前沿，汇聚高端人才资源，促进产、学、研交流，营造创新药发展的良好氛围，助力成都创新药影响力和竞争力提升。举办第十七届国际基因组学大会（ICG-17）、世界生物安全与前沿医学高峰论坛等国际性生命科学和医学会议，探讨基因组学研究与技术发展、大数据与基因存储、群体基因组学与精准医学等热点问题，宣传成都创新药发展环境，促进知名企业、科研团队落户。

第二节　建设成效

一、产业链条进一步完善，生物制品取得较大突破

2022年，全市创新药产业链规上工业企业实现营业收入682.8亿元，同比增长1.4%，总量占全市高技术制造业的11%[①]。从全国主要城市看，成都创新药规上工

---

① 成都市统计局：《成都工业统计快讯（2022年12月）》，2023年。

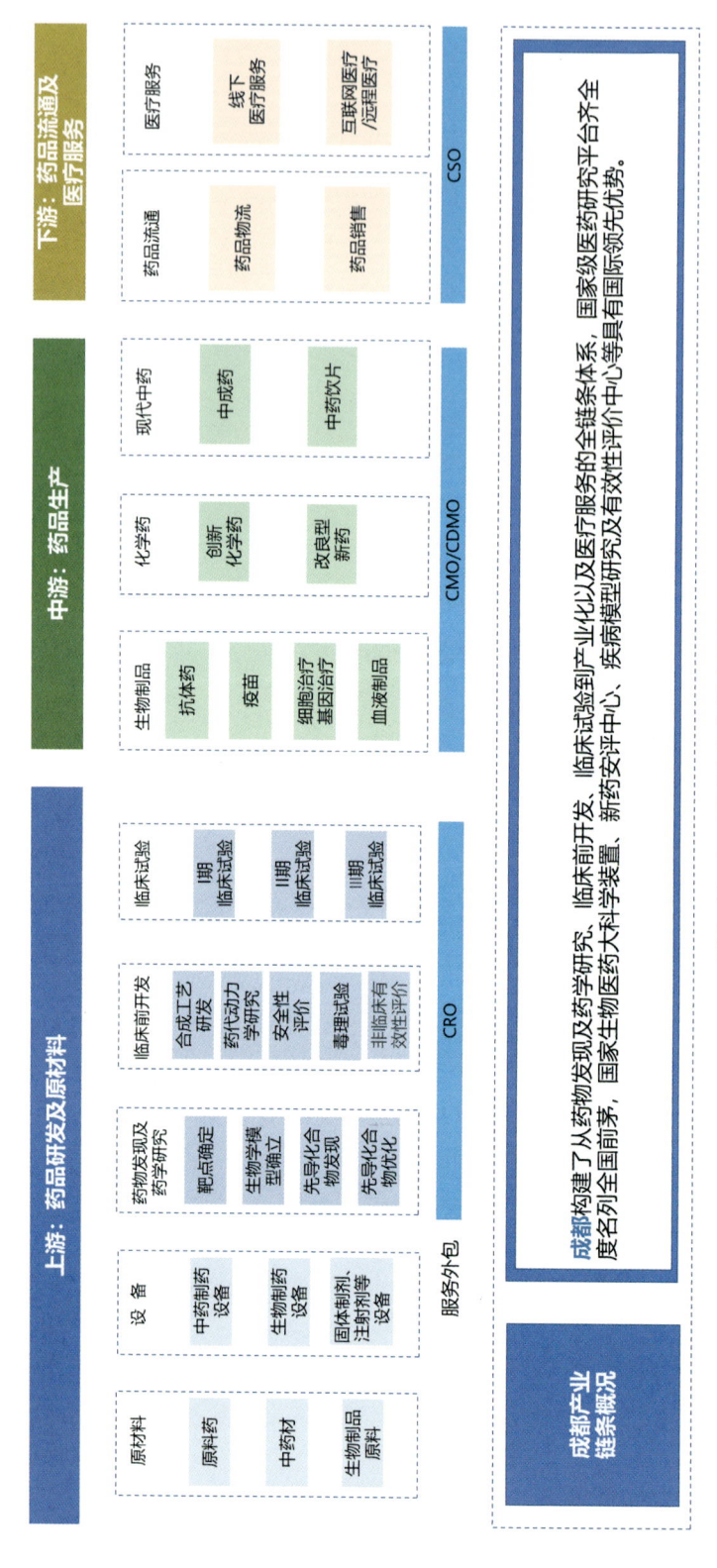

制造业建圈强链
——高质量发展的成都实践

上游：药品研发及原材料

原材料：原料药、中药材、生物制品原料

设备：中药制药设备、生物制药设备、固体制剂、注射剂等设备

药物发现及药学研究：靶点确定、生物学模型建立、先导化合物发现、先导化合物优化

临床前开发：合成工艺研发、药代动力学研究、安全性评价、毒理试验、非临床有效性评价

临床试验：I期临床试验、II期临床试验、III期临床试验

服务外包：CRO

中游：药品生产

生物制品：抗体药、疫苗、细胞治疗基因治疗、血液制品

化学药：创新化学药、改良型新药

现代中药：中成药、中药饮片

CMO/CDMO

下游：药品流通及医疗服务

药品流通：药品物流、药品销售

医疗服务：线下医疗服务、互联网医疗/远程医疗

CSO

成都产业链条概况

成都构建了从药物发现及药学研究、临床前开发、临床试验到产业化以及医疗服务的全链条体系，国家级医药研究平台齐全度名列全国前茅，国家生物医药大科学装置、疾病模型研究及有效性评价中心、新药安评中心等具有国际领先优势。

图2-13-1 创新药产业链全景图

业营业收入约处于第5位，领先于重庆、广州、深圳、武汉等城市（均按医药制造业口径衡量）。当前，成都已经形成了涵盖基础研究、研发服务（药物设计、临床前开发、临床试验）、工业化生产、药品流通与医疗服务的全链条体系，涉及生物制品、化学药、现代中药等多个细分领域。

医药研发外包服务（CRO）竞争力稳步提升。CRO是创新药研发创新中的关键力量，对于构建具有竞争力的产业生态意义重大。2022年，成都新引进泓博智源等CRO企业，药明康德新药研发服务平台二期项目开工建设，海枫生物新药临床前药效评价基地即将投入运营，在AI赋能药品研发、新药临床前药效评价等环节取得新的成绩。生物制品是国际国内先进城市争相发展的热点和焦点，也是成都发力的重点行业。一年多来，成都生物制品取得较大突破。血液制品领域，成都蓉生药业和远大蜀阳新生产基地投产，全部达产后，成都将成为国内最大的血液制品生产基地。抗体药领域，思路康瑞的恩沃利单抗获批上市，科伦博泰的KL-A167提交上市申请、SKB264纳入国家"突破性治疗品种"。细胞/基因治疗领域，推动生物治疗国重室等研发成果在蓉转化，至善唯新的AAV载体基因药等即将开展临床研究。化学药取得明显进展。华昊中天的抗肿瘤1类新药（优替德隆注射液）、微芯药业的糖尿病1类新药（西格列他钠）获批上市，苑东生物的糖尿病1类新药（优格列汀片）进入Ⅲ期临床。

二、链主企业稳步发展，龙头企业实力不断增强

创新药链主企业规模往往较大，研发创新能力较强、药品管线门类较为丰富，对于吸引聚集人才、资金、技术等具有较强推动作用。当前，成都初步遴选了科伦药业和倍特药业两家链主企业。2022年，科伦药业营业收入189亿元，同比增长9.5%。科伦药业优势领域集中在输液和抗生素领域，当前正积极布局创新药，创新管线在研项目33项（创新化学药11项，生物制品22项）[1]。倍特药业综合实力持续提升，在2021年度中国医药工业百强榜单（2022年发布）中的排名升至52名，同比上升21位。倍特药业优势领域为高端仿制药，拥有近20个首仿或独家品种。细分行业龙头企业整体竞争力持续提升。康弘药业、天台山制药、苑东生物、成一制药荣膺国家药监局南方所中国化药百强，百裕制药、地奥制药荣膺中药百强，远大蜀阳

---

[1] 科伦药业：《四川科伦药业股份有限公司2022年年度报告》，2023年。

荣膺生物药20强，先导药物荣膺CXO 20强。推动企业上规入库，全面摸排掌握潜在上规企业家底，新培育15户创新药企业上规。支持企业利用多层次资本市场发展壮大，新推动海创药业、百利天恒、欧康医药3户企业上市（过会），全市创新药上市（过会）企业累计达16户[①]。

三、创新平台建设取得新进展，创新引领能力持续提升

国家级产业创新平台取得新突破。国家精准医学产业创新中心正式揭牌，该中心由四川大学华西医院牵头，致力于打造"航母式"精准医学产业集群，力争成为全国精准医学创新策源地、医学创新成果转化示范高地、精准医学产业集聚地。成都天府国际生物城国家重大新药创制科技重大专项"新药创新成果转移转化试点示范项目"正式通过国家验收。生物靶向药物国家工程研究中心正式揭牌，这是国家发展改革委目前在全国布局的唯一国家级生物靶向药物研发和产业化基地。同位素及药物国家工程研究中心揭牌成立，由中国核动力研究设计院牵头，联合四川大学等单位，共同组建"产学研用"高效协同的科研技术攻关和成果转化一体化平台。高能级基础研究平台投运。天府锦城实验室（未来医学城）、天府锦城实验室（前沿医学中心）投入运行。其中，天府锦城实验室（未来医学城）以临床医学转化为核心，与国家医学中心一体化发展，共同形成一批原创性研究和应用成果。天府锦城实验室（前沿医学中心）以解决临床重大疾病问题的现实需求为目标，聚焦原创靶点发现及新药研发、创新医疗器械研发和精准医学等"3+N"研究方向，规划建设从"研究—转化—产业化"的"三极四体系"生态。

四、关键要素加速汇聚，有力促进产业发展

领军人才加速聚集。2022年以来，充分发挥良好创新创业环境、高品质生活宜居地优势，新引进陈晔光院士团队等。技能型人才培养提速，瞄准创新药快速发展需求，推动华西海圻与四川现代职业学院共建生物医药学院，联合培养技能型人才。

金融支撑不断夯实。组建创新药产业投资基金，撬动社会资本赋能产业发展。

---

① 成都市产业建圈强链工作领导小组：《全市重点产业链产业建圈强链工作推进情况汇报》，2022年。

促进6只基金投资13个在蓉生物医药项目，累计促进11只基金投资60余个在蓉生物医药项目。科伦博泰、可恩生物、优赛诺、爱斯特、金唯科、迈科康等企业获得融资超过亿元。

五、载体建设加快推进，支撑功能进一步增强

成都创新药主要承载地为成都天府国际生物城、成都医学城和天府中药城。成都天府国际生物城重点发展生物技术药、创新型化学制剂、生物服务和大健康服务等细分领域。截至2022年底，成都天府国际生物城共引进项目200个，总投资1200亿元[①]。成都医学城重点发展放射性药物、化学药、疫苗、服务（生产）外包等领域。目前，成都医学城已获评工信部第十批国家新型工业化产业示范基地特色产业园区（生物医药）。天府中药城重点发展现代中药产业。开工建设成都中医药大学天府中医药创新港，天府中药城创新中心A座建成投用。

第三节 未来发展方向

随着生命科学、信息技术等快速突破，变革性新药创制技术和创新疗法、新型药物不断涌现。与先进城市相比，成都创新药仍存在一些不足和短板。比如，原始创新能力较弱，药物研发过于聚焦热门靶点，获批的1类新药成果较少；产业结构有待优化，抗体药、细胞/基因治疗等高附加值产品偏少，在全球医药产业体系中的竞争力不强；外包服务能力不强，成都尚无CRO企业进入行业前十强，CMO、CDMO企业规模偏小，部分重大项目尚处于建设阶段，对产业的带动效应尚未充分发挥。

作为国家中心城市，成都创新药创新资源优势突出，有基础、有条件在创新药领域取得更大成绩。在创新基因深深植入医药产业的时代背景下，成都需要围绕健康中国建设，以解决未满足的临床需求为目标，深入推进产业建圈强链，汇聚高端要素，打造高能级平台，培育一流企业，全面提升创新药研发能力，增强生物制品、化学药、现代中药竞争力，加快建成具有国际竞争力和区域带动力的创新药产

---

① 成都高新区管委会：《成都高新区：打造生物产业发展高地》，《人民日报（海外版）》，2022年11月16日第8版。

业高地。

一、明确产业重点

加快发展生物制品。近年来，在基因编辑技术、细胞技术等快速发展推动下，全球生物制品发展迅速[1]。成都在血液制品、疫苗等领域拥有一定优势，但在抗体药物、基因疗法等新兴领域、高附加值领域还较为薄弱。下一步，成都可发挥四川大学生物治疗国家重点实验室等优势，重点发展抗体药物、疫苗、细胞/基因治疗等高端生物制品，持续提升血液制品领域竞争力。大力发展化学药。化学药仍然是创新药的重要组成部分，是创新药稳定增长的"基石"。建议成都重点突破新靶点、新机制的化学创新药，积极发展有明确临床价值的改良型新药（新型药物制剂等）。推进现代中药发展。用好道地药材优势，开展基于古代经典名方中药复方制剂研制，推动医疗机构中药制剂向中药新药转化。加快提升外包服务能级。把握创新药专业化分工深化趋势，大力发展CRO、CMO、CDMO服务。

二、创建重大平台

重大平台是创新药发展的关键支撑，对于聚集企业、吸引高端要素具有重要意义。近年来，成都围绕四川大学华西医院、电子科技大学等，建设了一批重大平台，有力促进了全市创新药发展。下一步，成都可聚焦关键环节，提升现有平台运营水平和能级，再创建一批重大平台，加速创新药发展。借鉴上海、深圳经验，积极向上争取，促进在蓉布局国家药品审评西部分中心。争取布局国家级重大科技基础设施，依托四川大学等高校，加强与中国科学院等大院大所合作，在生命科学、认知科学、药学等领域布局国家级项目。推动重大新药创制成果转移转化试点示范基地二期项目尽快签约落地。加快推动国家精准医学产业创新中心、天府锦城实验室正式运营。建强华西海圻、海枫生物、药明生物成都基地等高能级平台，加快打造国际领先的医药外包服务基地。

三、打造一流企业集群

打造一流企业集群，是提升创新药产业能级的应有之义。与上海、苏州等先进

---

[1] 德勤、上海市科学技术协会：《中国生物医药创新趋势展望》，2021年。

城市相比，成都创新药企业规模、创新能力等还存在一定差距。结合本地产业基础实际、医药创新主体多元化趋势，成都可重点从链主企业、骨干企业、初创企业等方面加大培育引进力度，加快提升企业整体竞争力。加大链主企业培育力度。鼓励科伦药业、倍特药业加大创新药研发投入力度，加快推进新药开发项目，以收购、参股创新型药企、初创型企业等方式做大做强。加大骨干企业培育力度，鼓励康弘药业、苑东生物、威斯克、百利天恒、百裕制药等企业强化创新能力建设，聚焦优势领域，加强与高校院所研发合作，突破行业关键技术，力争开发一批重磅新药。积极招引国际国内领先型企业，吸引欧美、以色列、韩国等跨国企业、研发机构，以及东部地区先进企业在蓉设立多向研发创新中心、生产基地。初创型药企往往专注于某一治疗领域，通过风险投资获得资金支持，研发团队成员具有海外科研背景或者跨国制药企业背景，具有非常强的研发能力、敏锐的行业把握能力，是打造一流企业集群的"生力军"。成都可借鉴苏州、深圳等经验，积极招引初创团队或企业，在靶点筛选、外包服务等细分领域，积极引进核心IP及其团队。学习上海、深圳等先进城市创新做法，积极推动本地企业药品挂网和进医保目录，推动公立医院加大本地药品采购力度。

四、加速高端要素聚集

强化人才引领。人才是创新药发展的关键。成都可瞄准诺贝尔奖获得者、院士等科研团队、行业领军人才开展招才引智工作，鼓励带领并培养本地基础性人才联动开展新药创制研究，在成都孵化一批有竞争优势的根植性项目。强化产业资本支持。资本尤其是符合创新药发展规律的风投资本，是创新药发展的重要支撑。积极引进创新药领域全国前30强的头部基金落户，鼓励本地基金与知名行业投资机构组建基金，共建孵化器、加速器和产业化基地，联手孵化一批、引进一批优质项目。根据创新药产业特点、企业需求和就业人群需求，高质量建设标准厂房、专业楼宇、实验动物、冷链物流、孵化器等配套设施，教育、医疗、文体等服务设施，增强产业园区宜业宜居功能。

第十四章
高端医疗器械产业链

高端医疗器械具有医工融合特点，是医学、物理学、化学、材料学等多种科学融合发展的产物。随着以人工智能、生命科学、新型材料等为代表的新一轮科技革命加速突破，高端医疗器械呈现功能集成、快速迭代等发展趋势，为医疗革命奠定了物质技术基础。成都是国内领先的高端医疗器械研发制造基地，拥有良好的关联产业基础和丰富的医疗创新资源，推动高端医疗器械产业建圈强链，有助于培育产业新增长点。

第一节　总体建设情况

一、编制发展规划，明确发展目标定位

高端医疗器械产业具有细分领域多、产业链条长、成长性高等特点，北京、上海、深圳、苏州等城市均将高端医疗器械作为重点培育产业，精准的产业选择是提升区域产业竞争力、培育特色产业集群的关键。成都拥有良好的电子信息、机械装备等高端医疗器械关联产业基础和西部地区最丰富的医疗创新资源优势。为把握高端医疗器械数字化、场景化发展趋势，推进高端医疗器械产业建圈强链，成都明确提出到2025年，全市高端医疗器械产业营收达到150亿元，培育1家百亿元级企业，建成国内领先的高端医疗器械研发制造基地。初步确定了以体外诊断、高值医用耗材、大型医疗装备为重点，康复辅助器具为特色，脑科学及人机交互、AI+医疗等为新兴的产业体系，形成了产业发展梯队。以高效协同为导向，优化产业发展

格局，形成以天府国际生物城、成都医学城、成都未来医学城为主承载区的高端医疗器械产业空间布局。

二、编制产业图谱，摸清底细，找准招商目标

经过多年发展，国内高端医疗器械产业已经从规模增长阶段向聚焦品类、品质的高质量发展阶段演变，新技术深入应用、新产品持续出现、新模式加快迭代，对政府产业治理精细化要求日益提高，成都结合高端医疗器械产业链特点，围绕链主/龙头企业、前沿趋势、技术路线、领军人才、创新平台、产业基金、用地能耗和安全风险等八个方面，聚焦体外诊断、生物材料、医疗人工智能、核医疗、血液透析、医学影像等六大领域，形成了高端医疗器械产业链产业图谱（高端医疗器械产业链全景图见图2-14-1）。产业图谱作为提高产业治理效率的有效工具，既能清晰直观掌握全市高端医疗器械产业基础情况，又能为招商引资提供精准指引，并且伴随招商引资和项目的落地，产业图谱可以做到动态调整。各区（市）县结合全市产业图谱，聚焦重点发展领域，梳理分析上下游、左右岸关键配套企业，动态完善产业图谱，增强产业治理工具的适用性。

三、开展建圈强链工作调度，推进项目落地

高端医疗器械产业具有行业监管性强、政策敏感度高、创新迭代快等特点，为抓住产业最新发展趋势、强化产业基础建设，成都制定了《高端医疗器械产业链2022年度工作推进方案》，明确工作目标、重大项目、重点任务、时间节点和责任单位。将"链长制"和"6个1"工作机制作为推进产业建圈强链的重要抓手，通过工作推进会、高端医疗器械重点企业座谈会等形式，研究全市及各主要承载区招商引资、项目推进、园区建设、要素匹配、向上争取支持等重点工作，协调解决企业困难问题。聚焦细分领域，瞄准链主企业，动态完善目标企业名录，采用线上线下多种方式开展招商引资，同GE医疗、罗氏诊断、金域医学检验等目标企业良好互动，新签约兴科蓉、金域医学、海克医疗、厚凯医疗等21个高端医疗器械企业项目，成功推动浩瀚医疗等一批项目竣工，迈可多、亚中医疗等一批项目开工，翔宇医疗等一批项目加快建设。

高端医疗器械产业链全景图

下游：流通及应用
- 流通
  - 配送及特种运输
  - 运营维护
  - 药店/电商
- 应用
  - 医疗机构
  - 家庭
  - 康复机构

中游：制造
- 血液透析
  - 血液透析机
  - 透析耗材
  - 透析药品
- 医学影像
  - 超声成像设备
  - 光学成像设备
  - MRI
- 医疗人工智能
  - 医疗机器人
  - 智能诊疗
  - 医用可穿戴设备
- 核医疗
  - 放射治疗装备
  - CT/PET
  - DR
- 体外诊断
  - 生化诊断
  - 分子诊断
  - POCT
- 生物材料
  - 骨科植入材料
  - 人体组织和器官
  - 支援类器械

上游：材料、零部件及医用软件
- 零部件
  - 电子元件
  - 芯片
  - 激光器
  - ……
- 软件系统
  - 功能程序化软件
  - 诊断图像处理软件
  - 诊断数据处理软件
- 医用原材料
  - 医用塑料
  - 金属材料
  - 生物材料
  - 化学材料
- 技术研发
  - 影像技术
  - 治疗技术
  - 其他技术

成都产业链条概况

成都构建了从医用原材料、零部件、软件系统，到体外诊断、生物材料、医疗人工智能及核医疗设备制造较为完备的产业链，实现了从研发到临床应用的产业链闭环，重点发展体外诊断、生物医用材料、医疗机器人及核医疗装备等产品。

图2-14-1 高端医疗器械产业链全景图

四、推进区域协同发展，构建产业生态

产业跨区域合作是国内外成熟产业集群建设的必经之路，成都高端医疗器械产业建圈强链跨区域合作以成都、重庆园区合作为主。成都医学城、天府国际生物城作为成都高端医疗器械产业主承载地，与重庆国际生物城持续开展深入合作，在科技创新平台、科技创新资源要素、核心技术攻关、关键人才引进、科研成果转化、投融资模式、管理机制、园区基础设施建设、混合所有制改革等方面共建共享，推动产业协同招商，共同争取国家产业政策和国家级要素平台布局。其中，成都医学城与重庆国际生物城签订战略合作协议，推进业务交流、企业合作、平台互鉴、信息共享等，共同举办重庆国际生命科学高峰湖人才峰会、中国西部国际投资贸易洽谈会、前途汇等活动，提升双方产业园区的影响力和知名度，促进双方企业的合作交流，定向发布成都医学城企业研发服务合作事项共11类156项，包含药械研发、生产、供应全链条。成都天府国际生物城与重庆国际生物城建立常态化互访交流机制，共同发布川渝生物医药产业建圈强链科技创新"需求—供给"80项。

第二节 建设成效

一、前沿领域快速突破

成都是我国重要的高端医疗器械研制基地，2022年高端医疗器械产业实现营业收入80亿元左右，处于全国第二梯队，形成了涵盖体外诊断、生物材料、医学影像、核医疗装备、医疗人工智能等领域的高端医疗器械产业体系，其中医用机器人、植介入产品、微创手术系统、医学影像系统等达到国内先进水平[1]。体外诊断领域，拥有迈克生物、博奥生物、东方基因等重点企业，其中博奥生物是国家高性能医疗器械创新中心四川分中心核心企业，沃文特生物、瑞琦医疗等成为国家专精特新"小巨人"企业。医学影像领域，奥泰医疗是全球第四家掌握大孔径超导磁体和超导磁共振成像整机系统技术的企业，拥有MR、CT、DR、彩超、PET-MR等医学影像诊断设备研制能力。医疗人工智能领域，博恩思公司打破手术机器人国外垄

---

[1] 成都市产业建圈强链工作领导小组：《全市重点产业链产业建圈强链工作推进情况汇报》，2022年。

断，入选工信部"新一代人工智能产业创新重点任务"优胜单位；布法罗公司外骨骼机器人入选工信部人工智能与实体经济深度融合创新项目。治疗设备领域，利尼科公司研制的医用电子直线加速器入选国家高端医疗设备应用示范项目，美创医疗公司等离子手术体系获国家科技发明二等奖。生物材料领域，张兴栋院士团队研发的骨诱导性人工骨生物材料、国纳科技的纳米生物医药材料、青山利康的生物膜等产品全国领先。

二、企业协作生态持续完善

链主是产业生态构建的核心，为整个产业的发展提供人才、平台、技术等关键资源。成都高端医疗器械产业链初步遴选迈克生物为链主，形成大中小企业高效协作的产业链体系。2022年前三季度，迈克生物实现营收27.18亿元，同比增长7.4%，研发投入强度6.64%（2021年），入选首批四川省制造业"贡嘎培优"计划，是国内体外诊断生产企业中产品品种最为丰富的企业之一，自主产品涵盖生化、免疫、临检、分子诊断、快速检测、病理、原材料等多个技术平台，完成从生物原材料、医学实验室产品到专业化服务的全产业线发展布局，能够提供1500余种诊断试剂及30余种诊断仪器[①]。新增博奥晶芯、华腾亿等8户本地协作配套企业，美创医疗带动上海莱诺等企业落户。中小企业方面，推动美创医疗、青山利康等潜力企业进入第四批国家级专精特新"小巨人"名单，新培育携光生物、格力新晖等6户企业上规入库，新上市（过会）港通医疗、沃文特两家企业。新签约兴科蓉、圣湘生物、海克医疗、厚凯医疗等38个高端医疗器械项目。

三、创新成果加快产品化

2022年，成都将创新作为驱动高端医疗器械产业发展的主要动力，瀚辰光翼的三类器械全自动核酸提取及荧光PCR分析系统等580个医疗器械获批上市，占全省76.7%。其中体外诊断领域获得重大突破，齐碳科技等企业实施了纳米孔基因测序仪等5个重大科技创新项目，质谱生物等一批企业实施了体外诊断试剂及样本释放剂等5个成果转化项目，迈克生物成功研制新一代抗药物干扰甘油三酯检测试剂盒、新冠抗原自测产品、猴痘病毒核酸检测试剂等新产品。部分创新产品产业化进

---

① 迈克生物：《迈克生物股份有限公司2022年第三季度报告》，2022年。

程加快，美敦力研发下一代探头增强型胰岛素泵系统产品，并实现量产；孚泽科技研发超声软组织切割止血设备，获得医疗器械三类注册批件。

四、重大创新平台加快建设

高端医疗器械产业要求区域具有完善的创新平台体系，成都医疗器械领域科教资源丰富，为解决创新链与产业链融合程度不高、平台间协作不充分等问题，成都推动国家高性能医疗器械创新中心四川省分中心、四川脑科学与类脑智能研究院加快实施一批重点研发项目，促进国家医疗器械监管科学研究基地等国家级平台提升功能。由核动力院联合四川大学、协和医院等国内顶尖同位素及药物研发应用单位共同组建的同位素及药物国家工程研究中心成功获批，天府国际生物城与国家卫健委医药卫生科技发展研究中心共建首个成果转化示范平台"成都卫生健康科技成果转移转化示范平台"，为成都高端医疗器械产业发展构筑坚实产业支撑。

五、关键要素配置进一步完善

成都以产业功能区为主体，增强要素配置的精准化水平。开展人才引进，实现"一个顶尖团队提升一个产业链"，天府国际生物城聚集了5个诺奖团队、4个国家级院士团队、51个高层次人才团队和超过2000人的专业人才，华西医美健康城新引进中物院核医疗领域龙继东团队，加快推进硼中子俘获治疗系统等核医疗项目产业化。金融是高端医疗器械创新发展的血液，成都组建了高端医疗器械产业投资基金，引导社会资本加大医疗器械领域投资力度。2022年，新建产业基金10支，总规模68亿元，已投资微创脑科学、阅影科技等4个高端医疗器械产业链项目。功能复合的高品质载体供给是成都高端医疗器械产业发展的特色，成都天府国际生物城、成都医学城、天府中药城、华西医美健康城、成都未来医学城等基础和配套设施加快建设，全年新建标准厂房10.23万平方米（累计605.4万平方米）[1]，新建人才公寓55.88万平方米（累计73.38万平方米），园区宜业宜居功能得到强化。

---

[1] 成都市产业建圈强链工作领导小组：《高端医疗器械产业链评估报告》，2023年。

第三节　未来发展方向

以新一代信息技术、生命科学等为代表的新一轮科技革命加速突破，医疗模式加快向数字医疗、精准医疗转型，高端医疗器械作为支撑医疗革命的关键领域，呈现出产品数字化、功能集成化趋势。成都在巩固传统优势领域的基础上，加快布局新兴前沿领域。

一是加快形成产业发展梯度。优势产业领域，聚焦分析、成像、透析、肿瘤筛查、快检等领域，招引新型医学影像诊断仪器、检测试剂、耗材研发生产企业。新兴产业领域，重点招引心脑血管介入、神经介入、骨科材料、生物材料、眼科器械、血液透析、肿瘤治疗（伽马刀/直线加速器/质子/重粒子）设备等研发生产企业。前沿未来领域，重点招引手术机器人、3D打印、脑机交互、外骨骼辅具等前沿创新研发企业。产业链配套领域，积极招引精密医用介入导管、一次性医用耗材、电子设备及配件、新流程开发及实施等代工生产配套型企业。

二是巩固优势赛道提升产业能级。聚焦体外诊断优势赛道，加快推进迈克IVD产业园、亚中医疗工业用房及配套设施等项目建设；支持博奥晶芯、瀚辰光翼等企业加强研发；整合第三方检测资源，建设血液、生化、免疫、分子、POCT全布局，试剂、设备、第三方检测全覆盖的体外诊断产业基地。发展生物医学材料潜力赛道，发挥国家生物医学材料工程技术研究中心作用，推动青山利康、国纳科技等企业加快发展，加快贝施美等项目投运，形成生物活性涂层、生物膜、人工骨、牙种植体等创新产品。培育医疗机器人未来赛道，发挥成都电子信息产业优势，推动医疗机器人、可穿戴设备、脑科学等创新发展，支持博恩思手术机器人、布法罗外骨骼机器人等医疗机器人产品进一步完善产品布局，提高市场占有率。做强核医疗特色赛道，发挥我市科研和上游原料优势，加强资源整合，抢占新赛道，加快推进医用同位素反应堆、核医疗诊疗设备等项目。

三是建设公共平台增强创新能力。积极争取国家在蓉布局国家医疗器械审评西部分中心；增强国家高性能医疗器械创新中心四川省分中心、四川脑科学与类脑智能研究院、国家医疗器械监管科学研究基地等国家级平台产业赋能作用。深化与四川大学等机构合作，加快天府锦城实验室（前沿医学中心）建设，聚焦生物医学材料和医疗器械研发、植入器械研发、医用机器人研发和"BT+IT"医工融合等研究方向，促进创新链与产业链的深度融合。

四是聚集高端要素优化产业生态。动态研究产业发展趋势和企业需求，结合国家监管政策、医保政策变化，支持区（市）县或产业园区结合自身发展重点，力争在优势领域取得突破。发挥政府产业引导基金作用，带动各类社会资本加大支持我市高端医疗器械项目力度，鼓励银行、保险等金融机构加大医疗器械领域金融支持，探索发展知识产权质押融资，提升综合金融服务水平。紧盯产业链细分领域领军人才、核心团队，加快聚集一批高端人才，持续推进高端医疗器械产业建圈强链人才计划申报工作，遴选支持一批链主企业、产业链上下游关联配套企业、招商引智企业中的领军人才。

第十五章
轨道交通产业链

轨道交通产业是我国自主创新程度最高、国际竞争力最强、产业带动效应最明显的战略性新兴产业之一，是"十四五"时期国家巩固提升全产业链竞争力，锻造产业发展长板的重点方向。成都轨道交通产业经过多年的发展，已吸引集聚中车四方、中车长客等产业链上下游企业483家[1]，形成集科技研发、勘察设计、工程建设、装备制造、运维服务于一体的全产业链发展态势，具备城际动车组、城轨地铁、各类新制式车辆的生产能力和全谱系轨道交通车辆装备维保能力[2]，是全国五大轨道交通零部件配套基地之一，西部唯一具备城际动车组制造和高级修业务的城市，已被纳入国家首批战略性新兴产业集群发展工程。

第一节 总体建设情况

一、编制发展规划，明确发展目标定位

开展全市轨道交通产业建圈强链工作专题会议，印发《2022年成都市轨道交通产业建圈强链工作要点》。按照"八个清"工作要求，开展产业专题研究，形成

---

[1] 成都市产业建圈强链工作领导小组：《成都市轨道交通产业建圈强链工作推进情况汇报》，2023年。
[2] 中国城市轨道交通协会：《成都轨道交通智慧维保探索与实践》，https://mp.weixin.qq.com/s?__biz=MzI3NzMwODY3OQ==&mid=2247532392&idx=3&sn=e1e8cdac944ebc390034aae7540dbc63&chksm=eb6a0b00dc1d821627f19d9141d14859d047d0fe9cbf766c120cd5511e4a0ec02dcde3cca119e&scene=27。

《抢抓川藏铁路建设真实机遇 乘势推动全市泛轨道交通产业联动发展》《轨道交通产业建圈强链"八个清"情况汇编》《轨道交通产业"1+3+6"全生命周期图谱体系》等成果（轨道交通产业链全景图见图2-15-1）。编制出台《成都市轨道交通产业发展"十四五"规划》，提出"十四五"期间着力深耕城轨、发力大铁、培育新制式，打造全产品链谱系，进一步巩固全产业链协同优势，到2025年，全产业链主营业务收入达2800亿元，成为国内轨道交通产业创新发展高地和西部轨道交通装备研制及维保中心。

二、开展精准招商，推进产业强链补链延链

围绕产业链薄弱缺环节积极开展以商招商，新签约重大项目21个，业务涵盖研发设计、装备制造、运维服务等，在国内轨道交通直流开关柜细分市场占有率排名前二的专精特新企业上海拓及轨道交通股份有限公司实现了从上海到成都的整体搬迁。定期开展轨道交通产业建圈强链企业座谈会和产业链多层次供需对接活动，促成企业签约合作。实施产业就地配套率提升专项行动，促成超50家上下游"链属"企业纳入中车系合格供应商名录，创新探索建立轨道交通新品挂测的协调月度联席工作机制，轨道交通车辆本地配套率取得新突破。

三、深化区域协同协作，推动共建优势产业集群

强化市域协同，明确全市轨道交通产业重点布局区域和金牛、新都、新津和蒲江轨道交通产业定位，协调解决国家川藏铁路技术创新中心及产业基地建设、城际动车组异地制造报批等重大问题，推动轨道交通产业错位协同发展。推动成渝地区双城经济圈轨道交通产业融合发展，将轨道交通纳入《成渝地区八方地方产品目录》，举办成德眉资轨道交通企业大会，发布轨道交通产业机会清单。

四、强化关键要素支撑，优化产业生态环境

靶向引才聚才。绘制轨道交通产业人才地图，开展招才引智，以国家川藏铁路技术创新中心等为纽带，推动科研院校深度参与产业建圈强链，以重点领军人才、市场主体的实际需求为切入点，遴选2022年产业领军人才16人。做强协会功能。指导协会与国家川藏铁路技术创新中心、成都铁路科创有限责任公司等高能级企业平台建立"产业创新联合体"，共促产业高质量发展。激活金融活力。用好轨道交通

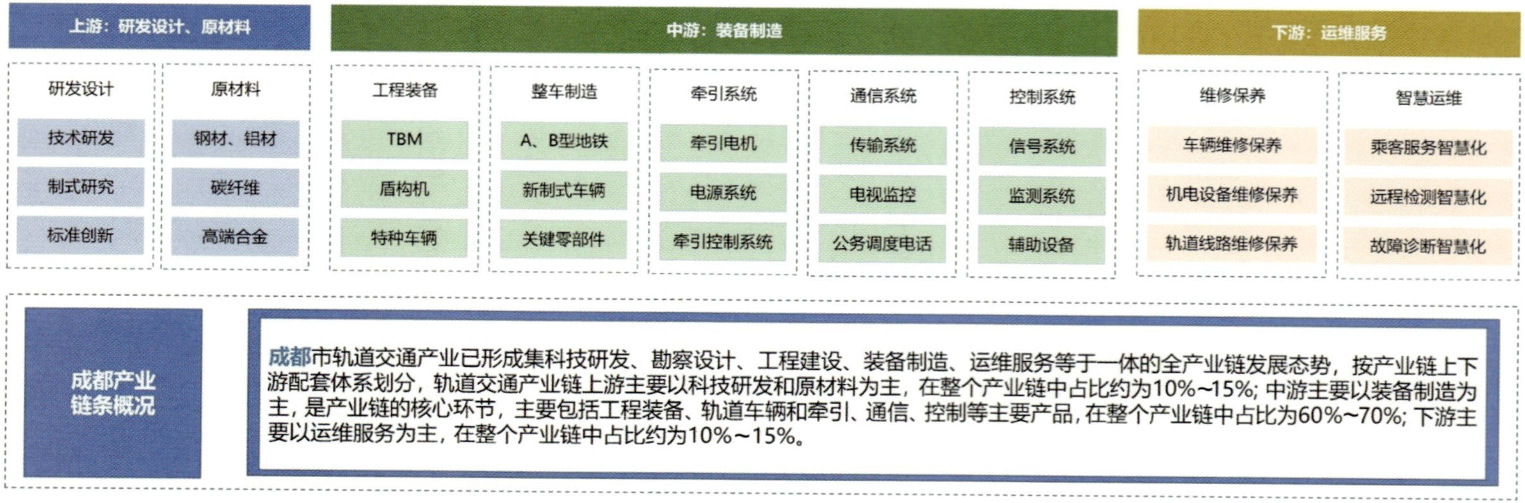

图2-15-1 轨道交通产业链全景图

上游：研发设计、原材料

- 研发设计
  - 技术研发
  - 制式研究
  - 标准创新
- 原材料
  - 钢材、铝材
  - 碳纤维
  - 高端合金

中游：装备制造

- 工程装备
  - TBM
  - 盾构机
  - 特种车辆
- 整车制造
  - A、B型地铁
  - 新制式车辆
  - 关键零部件
- 牵引系统
  - 牵引电机
  - 电源系统
  - 牵引控制系统
- 通信系统
  - 传输系统
  - 电视监控
  - 公务调度电话
- 控制系统
  - 信号系统
  - 监测系统
  - 辅助设备

下游：运维服务

- 维修保养
  - 车辆维修保养
  - 机电设备维修保养
  - 轨道线路维修保养
- 智慧运维
  - 乘客服务智慧化
  - 远程检测智慧化
  - 故障诊断智慧化

成都产业链条概况： 成都市轨道交通产业已形成集科技研发、勘察设计、工程建设、装备制造、运维服务等于一体的全产业链发展态势，按产业链上下游配套体系划分，轨道交通产业链上游主要以科技研发和原材料为主，在整个产业链中占比约为10%~15%；中游主要以装备制造为主，是产业链的核心环节，主要包括工程装备、轨道车辆和牵引、通信、控制等主要产品，在整个产业链中占比为60%~70%；下游主要以运维服务为主，在整个产业链中占比约为10%~15%。

首批战略性新兴产业集群政策，会同市发展改革委争取更多产业项目纳入国家资金支持盘子及相关金融机构中长期贷款支持；推动轨道集团、产业集团组建2亿元规模的产业链专项基金并遴选入库6个补链强链项目。

第二节　建设成效

一、产业位势能级稳步提升，全产业链优势突出

通过强链条、补短板、提能级、优环境，2022年，全市轨道交通产业实现了平稳向上增长，全产业链产值突破2000亿元，整车产能1500辆[①]。装备制造能力实现新突破。CRH6A型城际动车组新造资质在蓉落地，成都中车长客全球首列时速160公里全自动氢能源市域车项目正式下线；中车成都公司国内首创时速160公里4A编组的市域快车正式亮相；首批"成都造"内燃机车核心零部件牵引电机和主发电机走出国门，在泰国投用。维保制修能力实现新进展，CRH2A型等动车组240万公里启动试修；西部首个具备城轨A型电客车自主检修能力的维保基地高质量完成轨道交通车辆大架修75列共450辆，实现"成都车、成都造、成都修"。

二、链主带动效应增强，企业共生态势良好

成都轨道交通产业在科技研发、勘察设计、工程施工领域方面世界领先，已聚集西南交通大学、中铁科学研究院等科研机构，拥有中铁二院等多家勘察设计领域链主企业，中国中铁、中国铁建等工程建设领域链主企业，中车成都公司、成都中车长客等装备制造领域链主企业。通过深挖轨道交通装备制造"长链条"潜力，着力实施内培外引，健全本地供应链采购体系，促成成都鼎汉等50家上下游"链属"企业纳入中车系合格供应商名录，2022年，全市160家轨道交通规上工业企业实现主营业务收入423.2亿元，利润总额19亿元[②]。

[①] 成都市产业建圈强链工作领导小组：《成都市轨道交通产业建圈强链工作推进情况汇报》，2023年。

[②] 成都市产业建圈强链工作领导小组：《成都市轨道交通产业建圈强链工作推进情况汇报》，2023年。

三、创新平台加快建设，创新成果取得突破

国家川藏铁路技术创新中心已揭牌，川藏铁路创新中心有限公司、中铁高铁技术研究院、四川省磁浮交通创新中心、四川先进轨道交通装备创新中心等创新平台正加快建设，未来轨道交通未来产业科技园成功入选全国试点建设培育名单。全市轨道交通首台（套）产品达到33个，依托西南交通大学等高校院所，促成世界首条高温超导高速磁浮工程化样车及试验线等上百余项科研成果，近20项核心技术以及成都运达等近10户本土企业研制生产的10余类产品在"复兴号"动车组上得到应用；新筑股份《内嵌式磁浮交通系统设计标准》获批国内首个磁浮技术地方标准。

四、载体支撑明显增强，差异化协同格局初步构建

目前，全市轨道交通产业初步形成了以西南交通大学为技术引领，金牛区为总部功能，新都、新津、蒲江为生产生活配套基地的"一校一总部三基地"空间格局。其中金牛坝科技服务产业功能区重点依托中铁高科技产业园，布局发展轨道交通产品研发、勘察设计、工程建设、总部商务、科技服务等，全力打造轨道交通科技研发"智慧新城"。新都现代交通产业功能区以中车成都产业园为核心，布局发展城轨地铁、城际动车组、氢能源有轨电车等车辆研制，以及研发设计、检测认证、维保检修、科技服务等制造服务业领域。天府智能制造产业园布局发展地铁、单轨、有轨电车、中低速磁悬浮以及工务产品、节能环保产品、声屏障产品等轨道系统产品研制。中德（蒲江）产业新城以支撑保障川藏铁路建设为核心，重点布局发展工程机械、装备核心配套产品、运营系统等的研发、制造和维保，推动形成面向西部、国内领先的轨道交通装备服务保障中心。

第三节 未来发展重点

成都轨道交通产业虽已形成全产业链发展态势，但对标高质量发展要求和先发地区发展水平，仍存在装备制造能级偏弱，本地创新成果转化少、应用不足，域外市场开拓不足等问题与短板，应抢抓成渝地区双城经济圈、成都都市圈、公园城市示范区建设等战略机遇以及高原铁路、成渝中线等重大工程建设机遇，坚持城轨、

大铁同步发力[1]，强化"三圈联动""四网融合""五链融合"和"多主体协同"，加快构建产业配套协作、创新协同高效、要素功能集成、人城境业融合的轨道交通产业生态，巩固提升轨道交通全产业链优势，全力打造全球轨道交通产业创新发展高地和西部轨道交通装备研制及维保中心[2]。

一、强化重大工程牵引带动，提升装备制造能级

未来几年，随着四川省"四向八廊十六通道"现代铁路干线网络构建，成渝中线、高原铁路等重大工程加快推进，以及成都市域铁路、旅游轨道交通以及地铁四期项目等轨道交通线路的加快建设，预计将为轨道系统、工程机械和先进材料等领域带来超千亿元市场空间，形成众多首台（套）、首批次、首版次等创新成果。成都应抢抓川藏铁路、成渝中线等工程建设需求，大力发展工程施工装备、养护维修装备、检验检测装备、新型材料等领域，加快形成从前期铁路施工、移动装备到后期检测养护的全谱系泛轨交装备产业。积极获取动车组、川藏线机车和货车车辆生产资质，布局新能源有轨电车、跨座式/悬挂式单轨、中低速磁浮等领域，强化下一代高速、超高速磁浮的研发攻关和技术储备，切实提升装备制造能级。

二、强化国家级创新平台赋能，提升产业创新能力

国家川藏铁路技术创新中心是国铁集团联合四川、西藏两省区共同组建的国家级技术创新中心，对于全面支撑川藏铁路建设运营、推动铁路科技创新体系和产业体系发展，具有重要战略意义。成都应充分发挥国家级平台的牵引带动作用，整合链接国内相关高校、科研院所和企业的创新资源，推进"复杂艰险山区综合勘察实验室""空天信息综合应用研究实验室"等10个重点实验室加快落地，加快突破一批首台（套）重大技术装备、首版次高端软件和首批次新材料，打造一批成都轨道交通地标产品。同时积极争取国铁集团支持，加快建设国家川藏铁路技术创新中心成果转化基地，强化"研发+转化""总部+基地""终端产品+协作配套"合作模式，打造全国轨道交通技术成果转化基地、产业承载地，实现川藏铁路建设和运营装备首台（套）成都造。

---

[1] 成都市人民政府：《成都市产业发展白皮书（2022）》，2022年。
[2] 黄嘉：《深化智慧引领 跃升运营效能 推动成都轨道交通运营智慧发展》，《城市轨道交通》，2022年第5期，第50～52页。

三、强化区域协同联动，提升产业集群竞争力

《成渝地区双城经济圈共建世界级装备制造产业集群实施方案》提出要共同培育轨道交通装备协同发展体系，要增强川渝两地装备在重大铁路工程建设、城际高速铁路、城市轨道交通方面的供给能力。成都应积极推动两地共建轨道交通产业工业互联网平台，促进产业链配套协作和关键技术协同攻关。推动两地协力打造轨道交通品牌会展、高峰论坛等，促进两地市场开放，强化产品产销合作。积极探索新型合作机制和模式，鼓励支持成渝地区具备总包能力的勘察设计、建设施工、装备供给企业及金融机构组建发展联合体和利益共同体，共同向国铁集团、中国中车争取更多产业布局。

四、强化场景牵引和示范带动，提升产业发展后劲

示范线路建设可为相关新技术、新装备、新材料提供应用场景，是推动轨道交通产业开辟新赛道、打开新局面的重要路径。成都应结合国家政策导向，以都市圈"半小时轨道通勤圈"为平台，加快打造市域快铁标准化产品，创新市域铁路公交化运营模式，力争以产品优势和先进运营经验抢占成都平原经济区以及西南地区市场。面向城市组团、产业园区以及旅游景点之间的通勤需求，支持企业开展多制式中低运量轨道交通技术、装备研发、生产和应用。支持在天台山等具备发展旅游轨道交通条件的区域或全市"三个做优做强"示范片区，布局建设低运量轨道交通示范项目，为相关新技术、新装备、新材料提供应用场景，以示范项目为平台培育打造本地链主企业，积累建设运营经验，形成标准引领和对外输出能力。

第十六章
新能源汽车产业链

发展新能源汽车是我国从汽车大国迈向汽车强国的必由之路，是应对气候变化、推动绿色发展的战略举措[①]。当前，全球新一轮科技革命和产业变革蓬勃发展，为汽车产业转型提供了广阔的空间，电动化、网联化、智能化成为汽车产业发展的潮流和趋势。成都有新能源汽车产业发展的良好基础，是全国十大汽车产业基地之一，未来传统汽车更换新能源汽车数量可观，存量市场替代规模大。

第一节　总体建设情况

一、编制发展规划，明确发展目标定位

印发《成都市新能源和智能网联汽车产业发展规划（2023—2030年）》，从产业规模、创新能力、基础设施、要素资源等四个维度出发，锚定了成都市新能源和智能网联汽车产业发展目标，提出主攻智能化、加快电动化、布局氢能化，将智能网联汽车作为主攻方向，同步加快电动汽车的发展，前瞻布局氢燃料电池汽车的研发和技术攻关。该规划明确，到2025年，成都汽车产业整体规模力争达到3000亿元，实现汽车本地整体产量达100万辆（不含异地分子公司产量）。其中，新能源汽车保有量达80万辆，产量达25万辆。到2030年，新能源和智能网联汽车产业链供应链创新链具备较强国际辐射能力。

[①] 国务院办公厅：《新能源汽车产业发展规划（2021—2035年）》，2020年。

二、编制产业图谱，摸清底细，找准招商目标

充分依托成都汽车产业品牌聚集、品类齐全的优势，落实"八个清"工作要求，围绕智能网联汽车、电动汽车、氢燃料电池汽车等细分领域，绘制形成"1+3+4"新能源汽车产业链全景图（见图2-16-1）。梳理一汽—大众成都分公司、四川一汽丰田、四川领吉等现有链主，东方氢能、成都特来电等拟培育链主以及拟招引关键配套企业。突出人才引领作用，梳理汽车领域国内领军人才85人，产业链人才计划入选人才28人[①]。

三、出台专项支持政策，形成精准化政策配套

印发《成都市促进新能源汽车产业发展实施意见》，在新能源车型产销奖励、整车企业强链稳链、充换电设施建设运营、充换电基础设施服务网络、新能源汽车路权停车优惠、"碳惠天府"6个方面给予政策支持。已制定《成都市新能源汽车换电模式应用试点实施方案》《成都市智能网联汽车道路测试与示范应用管理规范实施细则（试行）》。

四、举行国际性会展，搭建面向全球的交流平台

举办第二十四届成都国际车展，共吸引德系、美系、法系、日系、韩系等合资及自主共126个国内外著名汽车品牌参展，展出车辆1600余辆，其中全球首发新车23款，全国首发新车30款。

第二节 建设成效

一、坚持建圈强链引领，基本形成相对完整的全产业链

近年来，成都新能源汽车产业以建圈强链为主题，围绕产业链布局创新链、围绕创新链完善要素链，全力推动产业高质量发展。现拥有自主品牌整车15户，聚集整车零部件企业1000余户，汽车产能规模达到200万辆，年产量连续8年超100万

---

① 成都市新能源汽车产业建圈强链工作推进小组办公室：《成都市新能源汽车产业链"5+N"生态体系》，2023年。

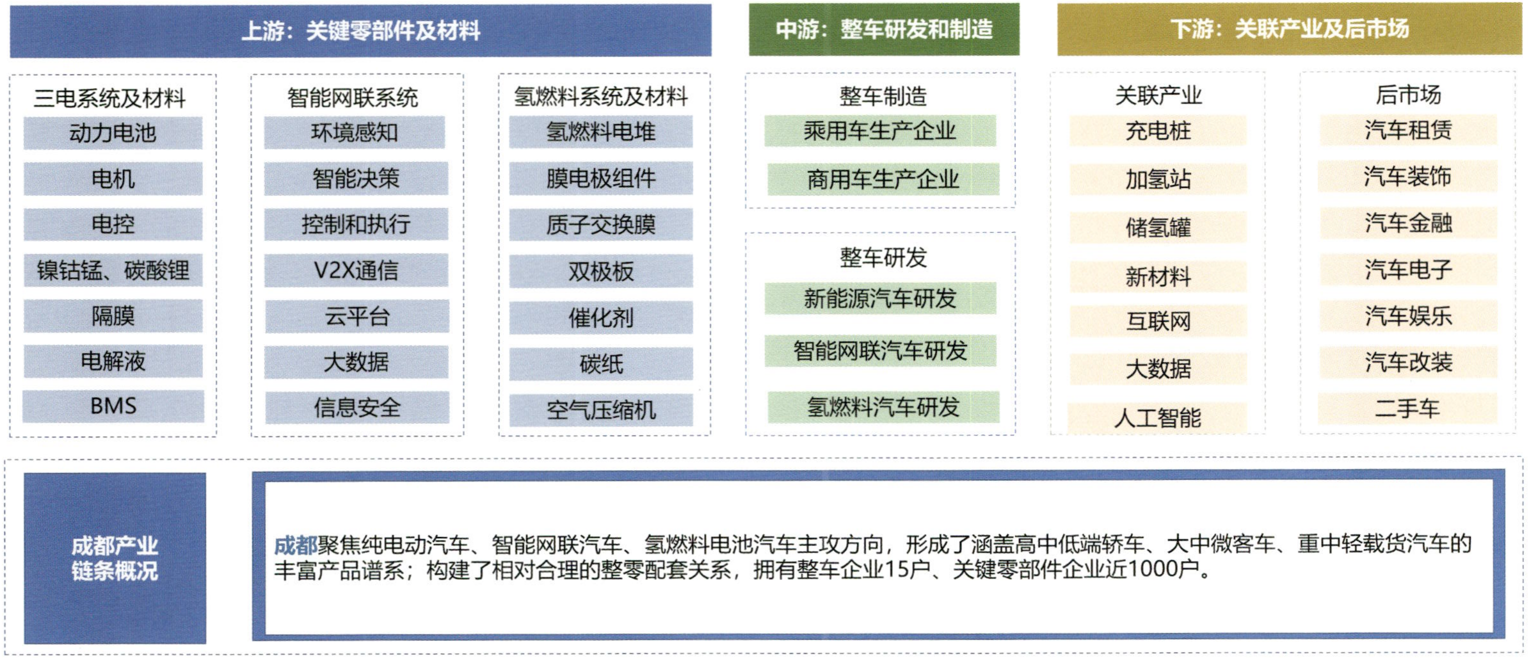

第二篇 重点产业链篇

上游：关键零部件及材料

三电系统及材料
- 动力电池
- 电机
- 电控
- 镍钴锰、碳酸锂
- 隔膜
- 电解液
- BMS

智能网联系统
- 环境感知
- 智能决策
- 控制和执行
- V2X通信
- 云平台
- 大数据
- 信息安全

氢燃料系统及材料
- 氢燃料电堆
- 膜电极组件
- 质子交换膜
- 双极板
- 催化剂
- 碳纸
- 空气压缩机

中游：整车研发和制造

整车制造
- 乘用车生产企业
- 商用车生产企业

整车研发
- 新能源汽车研发
- 智能网联汽车研发
- 氢燃料汽车研发

下游：关联产业及后市场

关联产业
- 充电桩
- 加氢站
- 储氢罐
- 新材料
- 互联网
- 大数据
- 人工智能

后市场
- 汽车租赁
- 汽车装饰
- 汽车金融
- 汽车电子
- 汽车娱乐
- 汽车改装
- 二手车

成都产业链条概况：成都聚焦纯电动汽车、智能网联汽车、氢燃料电池汽车、氢燃料电池汽车主攻方向，形成了涵盖高中低端轿车、大中微客车、重中轻载货汽车的丰富产品谱系；构建了相对合理的整车整零配套关系，拥有整车企业15户，关键零部件企业近1000户。

图2-16-1 新能源汽车产业链全景图

-111-

辆，其中，2022年，新能源汽车产量4.3万辆，汽车产业规上工业企业主营业务收入1715.4亿元，已初步形成涵盖高中低端、大中微客车、重中轻载货汽车以及各类专用汽车的产品体系，入选国家智慧城市基础设施与智能网联汽车协同发展第二批试点城市[①]。

二、突出链主企业牵引，形成链主+链属融合发展格局

做强本地"链主"，在新能源乘用车、商用车、客车和零部件总成等4个细分领域，全市筛选20家"链主"企业重点培育，推动与比亚迪、长城签署战略合作协议，促成四川发展集团重组成都客车、一汽—大众分转子和捷达品牌总部落地，推动吉利集团、一汽丰田分别导入了领克混动、考斯特氢燃料等整车项目，在轻重卡、出租网约、驾考驾培等公共领域推广应用"成都造"，公共领域保有量全国第二；推进东方电气、成都亿华通、新研氢能等燃料电池系统龙头企业丰富氢能运营示范应用场景，在中远途、中重型商用车领域推广140辆燃料电池汽车。

补齐"链属"短板，聚焦新能源汽车产业链上游电池及原材料、中游零部件制造及系统研发、下游汽车总装及服务支持等领域，强化关键配套企业、专精特新企业和高能级产业化项目招引，培育"三电"系统，引入中创新航、亿纬锂能、蜂巢能源等5户动力电池十强企业，集聚华川电装、联腾动力等电机电控企业。

三、集聚全球创新资源，构建高能级创新平台体系

国家级创新平台及其分支机构，拥有国家环境保护机动车污染控制与模拟重点实验室（成都基地）、智能网联新能源汽车研究中心、四川大学高分子材料工程国家重点实验、中科曙光先进微处理器技术国家工程实验室、东方电气科学技术研究院、华川电装新能源技术研发中心、中蓝晨光成都检测技术有限公司国家合成树脂质量监督检验中心等。

知名高校、科研院所共建新型研发机构，拥有氢能及碳中和技术研究院、四川省绿色橡胶轮胎工程技术研究中心、四川省机械传动工程技术研究中心、四川省机车车辆工程技术研究中心、高分子材料工程国家重点实验室（四川大学）、环

[①] 成都市制造强市建设领导小组办公室：《成都市新能源和智能网联汽车产业发展规划（2023—2030）》，2023年。

境友好能源材料国家重点实验室（西南科技大学）、四川省有色冶金研究院、四川汽车关键零部件协同创新中心（西华大学）、清华四川能源互联网研究院（清华大学）等。

市级创新平台，拥有一汽—大众数字化研发中心、威马汽车全球研发中心、野马新能源汽车研究院、新能源汽车动力系统研发中心、凯迈新能源车动力技术研发中心等。

公共技术服务平台，拥有通标标准技术服务有限公司四川分公司、成都市华测检测技术有限公司、成都高新区技术创新服务中心、武侯高新技术创业服务中心、电子科技大学国家大学科技园（天府园）、成都顺康新科孵化园等。

四、强化产业要素配置，产业生态体系不断优化完善

资金支持方面，设立了成都市重大产业化项目一期股权投资基金有限公司、成都市重大产业化项目二期股权投资基金有限公司、东方电气绿色智造股权投资基金等成都产业集团投资基金，基金投资金额达304亿元。设立了成都经开产业股权投资基金、成渝地区双城经济圈发展基金、四川区域协同发展投资引导基金、成都梧桐树创新创业投资合伙企业等产业链其他基金，基金投资金额达209亿元。

推广支持方面，出台专项方案，打造公交、出租、环卫等19类应用场景。开通成渝货运"氢走廊"，推广成都造氢燃料电池汽车462辆，其中157辆交付北京冬奥会[①]。开展居民充电桩"统建统管"试点，累计建成充电桩10.8万个、充换电站2300余座、加氢站3座，位居中西部第一。

五、优化空间载体布局，形成"主承载地+协同发展区"格局

立足成都新能源汽车产业发展基础，按照系统布局、突出优势、区域联动、协同发展理念，加强全市统筹，充分发挥各区（市）县资源禀赋，形成了龙泉汽车城为主要承载地，简州智能装备制造新城、天府新区半导体材料产业功能区、天府智能制造产业园、成都高性能纤维材料产业功能区、成都绿色氢能产业功能区为协同发展地的空间格局。其中，龙泉汽车城打造高端新能源汽车产业研发制造核心区，

[①] 成都市经济和信息化局、成都市工业经济和信息化研究院：《2021成都工业和信息化发展报告》，2022年。

围绕汽车及关键零部件,大力发展研发设计、先进制造、检验检测与认证、总部经济、汽车后市场等。

第三节 未来发展重点

尽管成都新能源汽车产业发展取得了一定成效,但仍面临产业结构不优、根植性不强、自主研发较弱、要素支撑不足等问题。一是缺乏链主企业和拳头产品。乘用车企业总部、研发总部、销售总部"三在外",主流车型缺失,大众、丰田尚无新能源乘用车产品。二是本地配套能力相对较弱。本地配套率在30%~40%,尽管在动力电池等配件上已有优势,但电机电控等关键零部件仍存在短板。三是新增资质产能受制约。全省汽车产能利用率低,制约整车项目招引落地。结合成都产业发展实际,建议未来发展方向主要聚焦在以下几个方面。

一、聚焦"转型",以发展理念革新为牵引,加快变革产业组织方式

随着新一轮能源、交通、智能科技革命与汽车产业发展的深度融合,汽车产品的功能形态已从单纯的交通运输工具向智能移动终端、新型储能单元和数字生活空间转变[①]。成都应改变孤点布局,转向圈链布局,提升产业链的基础能力和现代化水平,依托整车链主企业招商,支持链主招引产业链配套企业,破解整车企业配套体系入局难题,打造汽车产业技术孵化、研发制造、展览展示、销售运营项目集群。

二、聚焦"升级",以产业价值提升为导向,提高产业发展质效

随着汽车产业配套体系和行业边界持续拓展,传统汽车时代整车厂处于主导地位、零部件供应商处于从属地位的整零关系正在发生变革,整车企业的行业话语权和生态主导力逐步向"三电"企业和互联网科技型企业分流和让渡,汽车产业的整零地位从金字塔式的主从关系变为联动协作的平行关系。成都应强化技术研发攻关和"三电"领域龙头招引,提高本土汽车产业竞争力和附加值。支持企业与相关高

[①] 薛龙龙、郭锦扬、刘音灏:《新能源汽车竞争格局演变篇——群雄逐鹿,谁主沉浮?》https://mp.weixin.qq.com/s/WJnbLkvpttgKRPFmb8GnXA

校院所协同开展车规级芯片与高精传感器等关键零部件技术研发。加快绘制电机电控图谱，召开国家级电控产业大会，依托市区两级汽车电子产业招商专班，大力招引一批电机电控领域链主企业，提升"三电"领域产业话语权。

三、聚焦"强链"，以基础能力夯实为根本，加快提升产业竞争能力

随着产业发展进入下半场，为更好顺应产业趋势、抢占发展先机、构筑核心竞争力，行业头部企业更加注重推动上下游整合，加快构建细分领域比较优势，如宁德时代作为动力电池巨头，持续推进在锂金属、钴金属等产业链上游及动力电池回收等产业链下游布局，力求打通上下游产业闭环，进一步提升产业竞争优势。成都应聚焦推动新能源汽车"主链"，及自动驾驶系统、智能座舱等"辅链"补短提能，持续加大头部企业及项目的招引促建力度，做大专精特新配套企业集群，提升产业链韧性活力。坚持整零互动，依托成渝300公里汽车产业协作配套半径优势，按照市域范围、都市圈内、成渝地区三个层级梯次深化产业协同联动发展，持续提升产业发展综合质效。

四、聚焦"赋能"，以政策要素保障为基础，加快完善产业服务体系

近年来，在特斯拉、百度、华为等科技领军企业引领下，开源创新、开放融合成为业界研发潮流，企业谋求通过跨界创新与开放合作，快速切入新能源汽车赛道，产业呈现跨界融合、联盟协作、升维竞争、快速迭代的新格局。成都应着眼满足新能源汽车产业研发创新、应用拓展等需求，制定出台重点领域的产业规划和支持政策，助力产业超前布局；强化基金平台赋能，引导国有平台公司和金融机构真投真干，大力扶持本地产业，破解企业投融资、行业供需对接等问题，推动成都新能源汽车产业集聚成势。

第十七章

车载智能系统产业链

汽车新四化背景下,汽车正加速从单纯交通工具转变为新一代移动智能终端、储能终端和数字空间[①]。未来汽车加速向硬件可插拔、场景可编排、生态可随需、系统自进化方向演进,集成了大量高端芯片、高性能传感器、定制化软件的车载智能系统将成为未来汽车的价值核心和科技竞争高地。预计未来2～3年,汽车智能化网联化将进入高速增长期,车载智能系统价值占比不断提升、市场规模持续扩张,市场格局未定、发展模式未定,正是城市抢滩布局的最佳时期。

第一节 总体建设情况

一、深入产业研究,谋划顶层设计

成都市经济和信息化局、成都高新区以及龙泉驿区组建专班对智能网联汽车产业内涵、链条构成、前沿趋势和技术路线进行了研究论证,对全市布局方向、发力重点和政策举措进行了梳理细化,编制完成《抢抓全球汽车智能化发展机遇,加快布局发展车载智能控制系统产业的报告》,明确了现阶段是成都市智能网联汽车产业抢先发声、抢滩布局的最佳时机。成都高新区已发布车载智能系统产业发展规划与产业政策十条征求意见稿,全市正抓紧编制产业规划和专项支持政策,谋划举办车载智能系统产业生态大会。

---

① 国家发展改革委、工业和信息化部等11部委:《智能汽车创新发展战略》,2020年。

二、绘制产业图谱，开展产业链精准招商

按照"八个清"工作要求，全面开展企业摸底调查，系统梳理产业前沿趋势、技术路线、链主企业、创新平台、产业基金、领军人才等情况。车载智能系统产业链全景图见图2-17-1。围绕"5+N"产业生态构建，聚焦汽车硬件、汽车软件、系统集成三大环节，精准制定重点招引企业目录和重点培育企业目录，开展产业链精准招商和企业梯度培育。

三、开放测试道路，推动示范应用

成都市经济和信息化局、市公安局、市交通运输局联合出台《成都市智能网联汽车道路测试与示范应用管理规范实施细则（试行）》，推动智能网联汽车由道路测试向示范应用扩展。突破国家部委文件相关规定，积极探索以市场需求为导向的无人专用作业车先行先试。成都高新区新川创新科技园、龙泉驿区东安湖等封闭园区内已上线近20台无人环卫、无人售卖、无人观光等专用作业车，实现"无人化"作业，作为四川省首个无人驾驶+车路协同示范项目，引领示范作用显著。

第二节　建设成效

一、硬件配套体系加快完善

成都在汽车零部件、芯片以及传感器等领域具备一定基础优势，拥有汽车零部件总成企业及关联企业近1000户，产品线覆盖汽车220种零部件大类的107类[①]；芯片研发设计能力较强，国内三大车载主控芯片企业中黑芝麻、地平线在成都均有布局，在功率芯片、MCU芯片等领域具有较强研发能力；车载传感器优势突出，成都微光集电科技有限公司研制的车规级CMOS图像传感器国内领先，已进入吉利等整车厂供应体系，"图像传感器+""毫米波雷达+"、激光雷达、红外传感器等领域加速突破。

---

① 成都市经济和信息化局：《成都市经信局市新经济委智能网联汽车（车载智能控制系统方向）建圈强链2022年工作总结及2023年工作计划》，2022年。

制造业建圈强链
——高质量发展的成都实践

硬件

车规级芯片：算力芯片、存储和通信芯片、传感器芯片、功率芯片

传感器：视觉摄像头、毫米波雷达、激光雷达、超声波雷达、Mems传感器

软件

系统软件：基础操作系统、中间件、硬件抽象层

功能软件：自动驾驶通用软件、AI和视觉模块、传感器模块、相关中间件

应用软件：语音交互、数据地图、智能助手、影音娱乐、辅助驾驶

应用

域控制器：底盘域、动力域、车身域、自驾域、座舱域

跨域融合：四域、三域、……

中央集成：中央计算平台

成都产业链条概况

从硬件看，在功率芯片、MCU芯片等领域具有较强研发设计能力，成都微光集电科技有限公司研制的车规级CMOS图像传感器国内领先。
从软件看，车载操作系统领域拥有中饭智行、中科创达等高成长型企业，希迪智驾、应用软件领域拥有路行通、半袤易云等车路协同解决方案企业及车联网服务企业10余家。
从系统集成看，智能座舱领域拥有德赛西威和博世等头部企业，诚迈科技具备全栈式智能汽车软件平台开发和智能座舱一站式解决方案能力，动力领域拥有博世等头部企业。

图2-17-1 车载智能系统产业链全景图

二、汽车软件特色优势渐显

作为中国软件名城，成都丰富的软件人才和良好的产业生态已成为吸引汽车软件企业和科技型跨界企业布局的重要因素。从发展特色看，成都在车载操作系统领域开发能力较强，拥有中瓴智行（成都）、中科创达等20余家企业，具有较强的性能优化、个性化功能定制和嵌入式操作系统开发能力[1]；应用软件特色渐显，拥有路行通、希迪智驾、华录易云等车路协同解决方案企业及车联网服务企业10余家。

三、系统总成能力全面提升

底盘和动力域控制领域，拥有德国博世、法国彼欧、美国江森等国际知名汽车电子一级供应商，四川迈凯、晖马中欧汽车等初具总成能力企业。智能座舱领域，德赛西威、阿尔特汽车等在成都已布局以智能座舱为重点的研发中心，诚迈科技具备全栈式智能汽车软件平台开发和智能座舱一站式解决方案能力；智能驾驶领域，聚集了阿波罗智行（成都）、吉利汽车、未有科技、希迪智驾等代表企业，四川金瑞麒拥有低速无人驾驶技术以及底盘线控技术两大核心技术，在智能漫游车、智能代步车、智能查验车等专用车智能驾驶领域领先[2]。

四、高能级创新平台加快建设

汇聚电子科技大学汽车人工智能实验室、西华大学汽车测控与安全实验室等高校及高端研发团队10余个，电子科技大学罗蕾教授团队在操作系统微内核领域研发实力国内领先。李克强院士团队领衔的新一代车载智能终端基础平台、德赛西威成都研发中心、吉利汽车成都研发中心等项目已落地，汽车智能网联技术研究院、智能网联汽车研究中心、中国信息通信研究院车联网创新中心等创新平台正加快建设，已建成百度Apollo西部智能驾驶创新中心，由张帅博士领衔的成都岷山功率半导体技术研究院已揭牌，并成功完成2000万元首轮融资。

---

[1] 赛迪顾问：《中国智能汽车软件产业发展趋势洞见》，2021年。
[2] 中国汽车工业协会：《中国汽车基础软件发展白皮书》，2022年。

五、应用场景建设稳步推进

作为智慧城市基础设施与智能网联汽车协同发展试点城市，中德智能网联汽车四川试验基地已全面建成并投入使用，全市总计开放了约338公里智能网联汽车测试道路，共有15台智能网联汽车取得了路试牌照。百度、商汤以及北京智行者等企业所属自动驾驶车辆均已取得测试号牌并在以上道路开展测试与示范应用，其中百度自动驾驶出行服务平台"萝卜快跑"旗下的12辆智能网联汽车已在新川创新科技园10平方公里范围内实现示范应用，在测试与示范应用期间，无事故发生。

六、人才、基金等关键要素支撑有力

人才方面，拥有汽车产业两院院士等国家高层次人才30余人，软件产业从业人员近56.9万人，程序员人才供需排名全国第6、中西部第1[①]。产业基金方面，已有成都经开产业股权投资基金、龙泉驿区经开国信汽车产业股权投资基金合伙企业等5支相关基金，规模超过150亿元，聚焦汽车产业重点领域进行股权投资。成都高新区拟设立总规模100亿元的车载智能系统产业发展投资基金，撬动更多社会资本参与智能网联汽车产业发展。

第三节　未来发展方向

车载智能系统产业是典型的高成长性、高迁移性、高带动性行业，成都发展车载智能系统产业有基础、有优势、有潜力，但也面临缺少生态型链主企业、应用场景开放不够、产业发展机制有待健全等短板与不足，建议抢抓汽车行业洗牌整合、发展格局未定、模式未定的机遇，以"智能引领、软硬共兴、生态共享"为思路，重点围绕自驾域、座舱域，推动车规级芯片、车载传感器、汽车软件、系统集成全链条发展，前瞻布局跨域融合控制、中央集成控制和"车路云网图"一体化融合，加快把成都打造成为具有全球影响力的车载智能系统产业发展高地和国家级产业先导区[②]。

[①] 成都市经济和信息化局、成都市工业经济和信息化研究院：《2021成都工业和信息化发展报告》，2022年。

[②] 盖世汽车研究院：《智能汽车域控制器产业研究报告（2022版）》，2023年。

一、强化政策牵引带动，加速聚集一批链主企业

抢抓国家大力推进智能网联汽车发展机遇期、国内尚没有城市系统布局车载智能系统产业的窗口期，率先出台车载智能系统产业发展规划和专项政策，重点聚焦智能座舱、自动驾驶、智慧出行等领域，精准招引一批自主创新汽车软件企业、龙头领军汽车硬件企业、科技型系统集成商和主机厂汽车研究院，加速培育2家具有产业链控制力的生态主导型平台企业。聚焦功率半导体、SOC主控芯片、车路协同、智能传感器、车载系统软件、智慧交通等领域，支持校院企地共建创新联合体，通过"揭榜挂帅""赛马制"等方式，开展关键技术协同攻关和创新孵化，培育打造3~5家地标企业。

二、围绕产业链布局创新链，加快建设一批高能级创新平台

推动李克强院士团队领衔的国家智能网联汽车创新中心新一代车载智能终端基础平台、电子科技大学国汽智端车载智能系统联合实验室、德赛西威成都研发中心、吉利汽车成都研发中心加快建设，推动国家智能传感器创新中心西南分中心做大做强；整合中瓴智行、电子科技大学、华为鲲鹏实验室等优势资源，积极争创国家车载操作系统产业创新中心和国家智能网联汽车创新中心西南分中心。发挥成都软件、信息安全等领域产业基础优势，强化成都智算中心、华为鲲鹏实验室等平台牵引赋能，全力争创国家级智能网联汽车仿真、测试、测评实验室和国家级智能网联汽车信息安全实验室。

三、围绕产业共性需求和特色需求，强化专业载体和配套支撑

围绕产业集聚集群发展需求，在新川创新科技园规划建设车载智能系统专业园区，打造一批汽车研发总部、车载操作系统软件、应用软件、系统集成、产业基金等特色楼宇，重点吸引硬核科技企业、创新平台、中介机构和中试熟化、测试验证、产业基金等公共服务平台入驻，快速形成产业集群发展效应。围绕产业特色需求，规划建设先进制程车规级芯片中试平台、智能汽车软硬件适配中心、场景应用示范中心等生产性配套，引育一批基础数据库、虚拟仿真、自动驾驶算法软件测试、智能座舱测试等专业机构，提升产品研发、适配测试、集成验证、成果展示等公共服务能力。

四、突出场景牵引和示范带动，积极拓展道路测试和应用场景

以国家智慧城市基础设施与智能网联汽车协同发展试点城市建设为契机，立足成渝广阔的市场腹地，挖掘成都传统燃油车转型空间，面向智慧城市、智慧工厂、智慧能源、工业机器人等场景，定期发布智能控制系统应用机会清单，引导智能网联汽车产业人才、产品、技术、工艺跨行业、跨领域迁移应用。加快开展智能路侧设备规模化、标准化建设试点，持续扩大街区、道路、旅游景点、机场、物流等应用场景，鼓励在公共交通、出行服务、物流配送、环卫清扫等领域开展智能网联汽车商业化运营。

五、围绕"5+N"产业生态构建，夯实关键要素支撑

对标世界动力电池大会，谋划举办首届世界车载智能系统产业生态大会，推动组建国家级车载智能系统产业联盟，链接汇聚链主企业、行业协会、关键平台、重点高校、科研院所、产业基金等优势资源要素。聚焦车控操作系统、智能座舱、自动驾驶等领域，面向全球"揭榜挂帅"，引进一批顶尖科研团队和产业急需紧缺人才。成立车载智能系统产业投资基金，强化产业专项资金与引导基金协同联动，撬动更多社会资本参与自动驾驶、人工智能应用场景建设。

第十八章

新型材料产业链

"一代材料,一代产业",材料是先进制造业的基础和先导,是世界各国争相突破的重点领域,是国家战略性新兴产业,其发展水平是国家和地区综合实力的重要标志。成都是国家材料产业重点布局地区之一,在新能源材料、高纤复材、先进高分子材料、先进金属材料等领域具备研发创新优势[1]。

第一节 总体建设情况

一、完善产业发展顶层设计

成立成都市新型材料产业建圈强链工作推进小组,印发《成都市新型材料产业建圈强链工作推进机制》《成都市新型材料产业建圈强链八大行动》,厘清各部门职责分工和工作重点,形成产业发展合力。结合成都发展基础、资源禀赋和发展定位,编制《成都市新型材料产业发展规划》,明确构建以电子信息材料、新型能源材料、新型绿色建材、先进高分子材料为优势,以高性能纤维及复合材料、先进金属材料、生物医用材料、先进陶瓷材料为特色的"4+4"产业体系[2],提出到2025年产业规模突破2500亿元,产业整体技术水平和制造能力进入国内先进水平,成功建成西部新型材料研制高地。

---

[1] 中国工程院化工、冶金与材料工程学部,中国材料研究学会:《中国新材料产业发展报告(2020)》,化工工业出版社,2020年。
[2] 工业和信息化部:《新材料产业发展指南》,2016年。

二、高标准编制产业图谱

深化新型材料产业基础研究，绘制新型材料产业链全景图（见图2-18-1），厘清新型材料产业前沿和发展趋势，系统梳理链主企业、创新平台、产业基金和领军人才情况，形成"1+3+4"产业图谱体系。聚焦6大产业功能区的资源禀赋和产业基础，开展产业细分赛道和主攻方向研究，编制细分领域产业图谱，因地制宜构建比较优势。

三、开展重大项目攻坚

梳理形成新型材料产业重点招引企业名单，成功推动璞泰来、中国巨石、台嘉等项目签约落地。强化链主牵引带动，统筹四川石化环氧乙烷、碳四、碳五、碳八、碳九、丁辛醇副产物、催化油浆、乙烯焦油等8条产业主线，联合编制产业规划、开展企业遴选，集聚了奥克、天奈、华能等绿色低碳及新型材料领先企业27家，入驻检验检测、生产配套、供应链合作等左右岸配套项目7个[①]。

四、搭建多元化对外交流平台

聚焦新型材料产业发展需求，成功举办2022年全国绿色建材下乡活动（四川站）启动会、2022高工锂电材料大会、2022成都市武侯区"悦湖场景汇"新材料产业专精特新企业深圳专场推介会、"彭州制造好物汇"供需对接系列活动，不断打响本地新型材料企业、产品、功能区的全国知名度。

第二节 建设成效

一、产业处于国内第二梯队前列，特色领域优势突出

抓住国家提出"双碳"目标和新能源汽车快速发展机遇，大力推动锂电材料、光伏材料发展，2022年全市新型材料产业产值首次突破2000亿元，产业规模能级进入国内第二梯队前列。新型材料产业链条较短，原材料主要来自成都周边市州，中间材料制品研发制造能力较强。其中新型能源材料领域成功引育通威太阳能、中

---

① 成都市产业建圈强链工作领导小组：《全市重点产业建圈强链评估报告汇编》，2023年。

第二篇 重点产业链篇

上游：原材料
- 铁矿石
- 有色金属矿石
- 钒钛矿石
- 石油
- 天然气
- ……

中游：研发设计与制造

研发设计：
- 技术研发
- 中试孵化
- 检测评价
- ……

传统材料高端部分：
- 冶金
- 建材
- 钢铁

先进基础材料：
- 先进钢铁材料
- 先进化工材料
- 先进纺织材料
- 高性能有色金属材料
- 先进建筑材料
- 先进轻工材料

关键战略材料：
- 集成电路用关键材料
- 高性能纤维及复合材料
- 新型能源材料
- 稀土功能材料

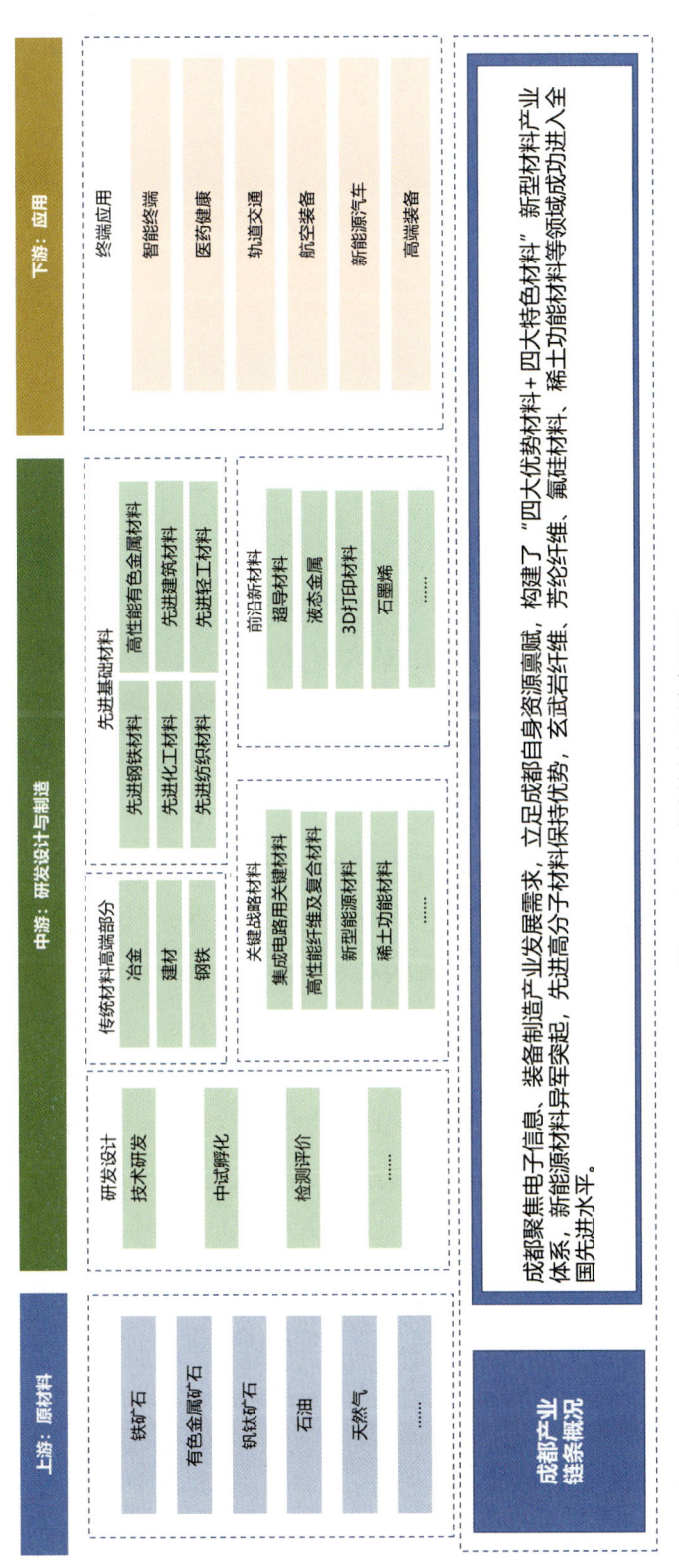

前沿新材料：
- 超导材料
- 液态金属
- 3D打印材料
- 石墨烯

下游：应用

终端应用：
- 智能终端
- 医药健康
- 轨道交通
- 航空装备
- 新能源汽车
- 高端装备

成都产业链条概况

成都聚焦电子信息、装备制造产业发展需求，立足成都自身资源禀赋，构建了"四大优势材料＋四大特色材料"新型材料产业体系，新能源材料异军突起，先进高分子材料保持优势，玄武岩纤维、芳纶纤维、氟硅材料、稀土功能材料等领域成功进入全国先进水平。

图2-18-1 新材料产业链全景图

建材光电、巴莫科技等链主企业，产业规模突破400亿元，产业竞争力进入全国前列，玄武岩纤维、芳纶纤维、氟硅材料、稀土功能材料等领域研发制造能力进入全国先进水平[①]。

二、企业群落培育成效初显，梯度发展格局基本形成

积极开展企业单项冠军、专精特新申报辅导，助推光明光电获评第七批国家制造业单项冠军企业，美奢锐、东骏激光、鲁晨新材等19家企业成功入选国家专精特新"小巨人"名单，分别占全市新增数量的33%、20%，"4+4"细分领域规上企业超800家。

三、创新平台加快建设，应用创新体系逐步形成

聚焦新型材料产业链创新需求，整合全市创新资源，加快建设创新研发平台，截至2022年底，拥有高分子材料工程国家重点实验室、制革清洁技术国家工程实验室等国家重点（工程）实验室6家，国家有机硅工程技术研究中心、国家电磁辐射控制材料工程技术研究中心等国家工程（技术）研究中心7家，在先进高分子材料、先进金属材料等细分领域的创新能力处于国内一流水平。聚焦新型材料产业科技成果转化痛点难点，大力提升中试基地服务能力，加快建设青白江先进材料暨产业孵化园，为科技成果转化提供研发试验、中试测试等"一站式"服务，成功中试转化高能锂离子电池材料等50项创新成果[②]。

四、高端要素加速集聚，支撑水平有效提升

人才方面，围绕产业发展需求招引培育产业人才，全年培育20名产业领军人才，落实好人才政策，为符合条件的高端人才提供住房、子女入学、交流培训、职称申报、体检疗养等服务保障。基金方面，充分发挥产业基金引导作用，与市场化基金协同联动，成立成都红土菁科股权投资基金中心（有限合伙）、成都华西金智银创股权投资基金合伙企业（有限合伙）等产业基金9个，有力支撑了新型材料企业发展壮大。

---

① 成都市产业建圈强链工作领导小组：《全市重点产业建圈强链评估报告汇编》，2023年。
② 成都市经济和信息化局：《2022—2023年成都新材料产业发展蓝皮书》，2022年。

五、载体建设成效显著，承载能力不断增强

立足"三个做优做强"，突出功能导向，推动形成以成都高性能纤维材料产业功能区、成都高分子新材料产业功能区、天府新区半导体材料产业功能区为主要承载地，成都欧洲产业城、成都空天产业功能区、淮州新城、悦湖新材料科技中心协同发展的"3+3+1"空间布局。聚焦先进高分子材料、电子信息材料产业发展需求，统筹谋划省级化工园区申报认定，市区联动积极对上汇报争取，利用联席会议制度协调解决申报过程中的困难问题，推动成都新材料产业化工园区成功认定成为全省第三批、成都市首家省级化工园区，化工新材料、高端精细化学品等高附加值产业项目承载能力不断增强。

第三节　未来发展重点

新型材料作为我国"卡脖子"的重要领域，正在成为沿海各个城市竞相布局的赛道之一，目前深圳、宁波、广州等城市均已出台相关政策规划支持新型材料产业发展。对标先进城市，成都新型材料产业发展仍然存在对电子信息、装备制造等产业集群建设支撑不足、产业集中度不高、创新研发与市场应用结合不够、专业化载体建设滞后等问题。下一步，成都新型材料产业需要聚焦电子信息、装备制造等产业发展需求，加快突破产业链关键环节的痛点、堵点，积极推动本地科技成果转化，培育一批专精特新"小巨人"企业，到2025年产业产值规模突破2500亿元[1]。

一、明确产业发展方向

新型材料产业发展方向判断既要考虑本地的产业基础、资源禀赋，更要考虑本地及周边地区产业发展需求。与沿海城市相比，成都新型材料产业起步较晚，缺乏具有行业影响力的地标产业、地标企业，发展先进金属材料、高分子材料缺少比较优势。应着眼新能源材料、电子信息材料等国内尚未形成固定格局的领域，加快突破关键技术，在未来产业发展中占据先机。同时还应关注新型材料发展的最新方

---

[1] 谭永生：《促进我国新材料产业高质量发展的对策建议》，《中国经贸导刊》，2022年第10期，第79页。

向，聚焦超导材料、二维材料等前沿新材料领域的最新科技成果，通过基金投资、战略入股等方式前瞻布局，抢占前沿新材料发展的制高点。

二、推动企业专精特新发展

基于新型材料产业发展特性，培育百亿元级、千亿元级企业较为困难，大部分企业主要专注材料细分领域，以成为专精特新"小巨人"、单项冠军为企业发展目标。应充分发挥成都在先进高分子材料、高性能纤维及复合材料、先进金属材料领域的技术优势和电子信息材料、新能源电池材料等领域的市场优势，力争在成都具有比较优势的细分领域，培育一批专精特新企业，加强企业专班服务和保障，推动专精特新"小巨人"企业成长为制造业单项冠军。

三、聚力打造专业化创新平台

成都在新型材料领域具有丰富的创新资源，科研能力和人才储备处于国内一流水平，但长期以来科技成果本地转化率不高，存在"墙内开花，墙外香"的现象。成都应以中试平台建设为突破，加快在青白江、彭州布局建设中试基地，推动高校院所与企业需求对接，指导推动科技成果从实验室走向"生产线"。同时要加快国家新材料测试评价平台区域中心和四川省新材料工业设计研究院建设，为企业新型材料产品的检验检测、技术评价、市场准入、工业设计等提供优质服务。

四、用实用好专业化载体建设

加快化工园区建设，对项目用地实施精细化管理，分批次解决项目用地、管线迁改等问题，助推已签约的天奈西部生产基地、奥克化学二氧化碳综合利用等亿元以上重大项目建设。抢抓成都新材料产业化工园区认定成功契机，在现有基础上，积极探索省级化工园区扩区调位，聚焦电子信息、装备制造、生物医药等领域关键环节，规划布局发展电子化学品、特种工程塑料等高附加值产品[1]。

---

[1] 俞斌：《中国化工新材料产业发展态势及对策》，《化工管理》，2022年第35期，第63页。

第十九章

绿色食品产业链

绿色食品产业是国民经济的重要组成部分，既是民生保障基础产业，也是成都工业经济的支柱产业之一，在建设现代化产业体系中具有重要地位。近年来，成都绿色食品产业顺应趋势应对挑战抢抓机遇，坚持"品牌带动、创新驱动、集群联动、融合互动"，不断优化调整产业结构、增强产业链供应链韧性，实现了稳定增长、健康发展。

第一节 总体建设情况

一、抓好统筹谋划，扎实推进建圈强链

高水平顶层设计。全面落实"6个1"工作机制，聚焦"八个清"工作要求，科学编制产业图谱（绿色食品产业链全景图见图2-19-1）。深入开展绿色食品产业链研究，清单式梳理链主企业及重点配套企业布局，研究产业发展趋势和技术路线，动态更新《绿色食品产业链全景图谱》，制定《成都市推进绿色食品产业高质量发展行动方案（2021—2025）》《绿色食品产业链建设培育工作推进方案》，进一步厘清产业发展思路和路径。

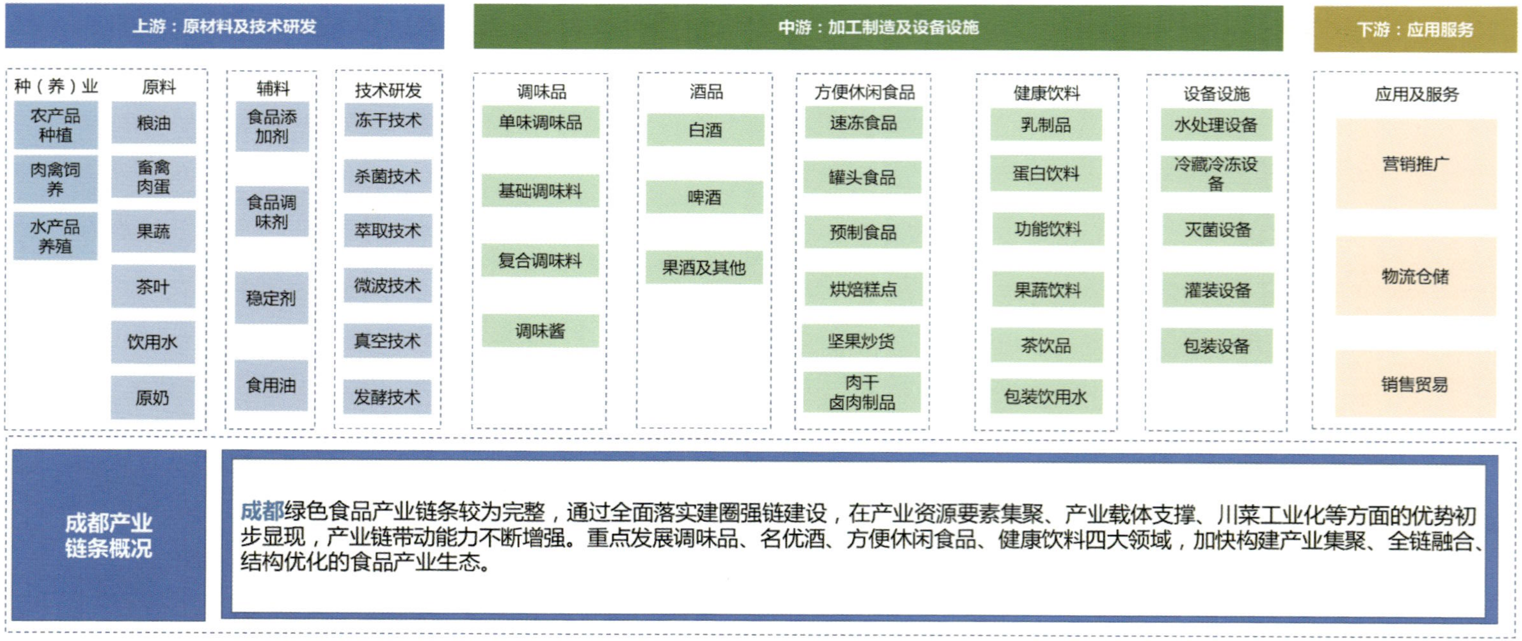

制造业建圈强链
——高质量发展的成都实践

绿色食品产业链全景图

上游：原材料及技术研发

- 种（养）业
  - 农产品种植
  - 畜禽饲养
  - 水产品养殖
- 原料
  - 粮油
  - 畜禽肉蛋
  - 果蔬
  - 茶叶
  - 饮用水
  - 原奶
- 辅料
  - 食品添加剂
  - 食品调味剂
  - 稳定剂
  - 食用油
- 技术研发
  - 冻干技术
  - 杀菌技术
  - 萃取技术
  - 微波技术
  - 真空技术
  - 发酵技术

中游：加工制造及设备设施

- 调味品
  - 单味调味品
  - 基础调味料
  - 复合调味料
  - 调味酱
- 酒品
  - 白酒
  - 啤酒
  - 果酒及其他
- 方便休闲食品
  - 速冻食品
  - 罐头食品
  - 预制食品
  - 烘焙糕点
  - 坚果炒货
  - 肉干卤肉制品
- 健康饮料
  - 乳制品
  - 蛋白饮料
  - 功能饮料
  - 果蔬饮料
  - 茶饮品
  - 包装饮用水
- 设备设施
  - 水处理设备
  - 冷藏冷冻设备
  - 灭菌设备
  - 灌装设备
  - 包装设备

下游：应用服务

- 应用及服务
  - 营销推广
  - 物流仓储
  - 销售贸易

成都产业链条概况

成都绿色食品产业链条较为完整，通过全面落实建圈强链建设，在产业资源要素集聚、产业载体支撑、川菜工业化等方面的优势初步显现，产业链带动能力不断增强。重点发展调味品、名优酒、方便休闲食品、健康饮料四大领域，加快构建产业集聚、全链融合、结构优化的食品产业生态。

图2-19-1 绿色食品产业链全景图

二、全链主体引育，着力稳链补链强链

遴选食品产业链主企业。瞄准谷物及植物油加工、调味品、方便休闲食品、白酒制造、乳制品、饮料和预制菜等7大细分领域优势赛道，初步遴选出中粮（成都）粮油、天味食品、白家阿宽、水井坊、新希望乳业、中粮可口可乐（四川）和希望食品7家链主企业，逐步形成"一个链主带动一个食品行业，形成一个发展能级"模式[①]。

分层分级加快梯度培育。强化重点企业梳理排摸，实施大企业大集团培育工程，对标世界食品企业500强，促进产业规模化发展，提升产业链垂直整合能力。坚持抓大育小，引导食品企业长期专注细分领域的研发制造、工艺改进，向专业化、精细化、特色化、新颖化发展。聚焦食品企业生产制造、系统集成、数字化销售、物流仓储等方面需求，清单化梳理，引进第三方对天味食品、红灯笼食品等30家企业智能化改造进行免费诊断。

锚定补链强链精准招引。以现有企业布局导入优质产业资源，开展项目引进、功能提升计划。着眼巩固提升细分领域核心竞争力，立足城市资源禀赋，引进元气森林、海天味业等包装饮用水、复合调味品领军企业项目；着眼细分赛道培育壮大，引进茶百道、蜜雪冰城等总部类项目，激发时尚茶饮料产业发展活力；着眼绿色食品延链发展，引进西藏鲜生活冷链、美团联拓水饺等中央厨房供应链类项目，加速产业链向上拓展、向下延伸。

三、推动开放合作，深层次拓圈延链

多领域协同共建。立足白酒产业资源禀赋，编制《成都都市圈白酒产业融合发展规划》，助推都市圈白酒产业融合发展、品质升级、高效协同。推动中国川菜产业城与重庆江津先锋食品特色产业园共建川式调味品协同创新中心，促进新津农博园与大足现代农业园区深度合作，协同推进成渝两地绿色食品产业品牌提档升级。

打造一批会展论坛盛会。放大展会促进产业溢出效应，鼓励企业参加国际性食品博览会，成功举办第四届世界川菜大会、首届中国餐饮B2B产业大会、数智餐

[①] 成都市产业建圈强链工作领导小组：《全市重点产业链产业建圈强链工作推进情况汇报》，2022年。

饮·央厨数字化与菜品工业化高峰论坛、天府酒庄文化周、水井坊成都论坛以及预制菜产品研发技术论坛，展现成都食品产业发展新形象，提升产业美誉度。

多渠道宣传提升产业知名度。拓宽食品产品营销渠道，鼓励传统食品企业用好互联网平台资源，及时掌握消费者需求动向，提升需求精准预测能力、供需高效匹配能力和运力调度能力。引导新零售平台、支撑型头部企业，加快交通枢纽消费场景、大型商超、品牌连锁店及兄弟城市、国外友好城市渠道整合，搭建展示窗口，提升企业、品牌推介能力。

第二节　建设成效

一、产业竞争优势明显增强

成都顺应消费升级、产业迭代加速的趋势，聚焦产业细分领域建链强链补链，强化品牌建设，加快技术创新，优化产品结构，提升产业能级，产业实现平稳增长，产业链韧性和竞争力增强。2022年全市规上食品工业企业实现营业收入1492.8亿元，同比增长5.7%[①]。

成都食品产业链条完整、产品种类不断丰富，基本覆盖了食品工业主要行业门类，调味品领域竞争优势日益明显，成都已在东京、洛杉矶等五个城市设立川菜海外推广中心，郫县豆瓣位列"四川十大美食地标"榜首；白酒领域发展提速，"邛酒""崇阳酒""王泗白酒"获评国家地理标志保护产品，"邛酒产区"获评世界美酒特色产区、入选新华社民族品牌工程；预制菜赛道加快布局。产品细分程度加深，新产品持续涌现，产品结构持续向绿色化、多元化、便捷化、品质化方向发展。公共区域品牌知名度显现，郫都区获评2022年省级川派餐饮创新发展先行区，"郫县豆瓣""邛酒""蒲江雀舌"荣膺2022中国品牌价值评价区域品牌（地理标志）百强。

二、企业品牌形象大幅提升

调味品领域。天味食品2021年荣获国家级绿色工厂称号，上榜"2021胡润百亿品牌榜"，成为复合调味品细类唯一入选品牌；在标准化建设上具有领先地位，

[①] 成都市统计局：《成都工业统计快讯（2022年12月）》，2023年。

进入"国家级消费品标准化试点项目"名单，成为全国调味品行业首家入选企业，2022年入选省"贡嘎培优"百户企业。丹丹郫县豆瓣拥有"国家豆瓣酱加工技术研发专业中心""国家地方联合工程研究中心"等创新平台。丁点儿打造了以川味复合调味料、川味特色花椒油为主导的产品体系，2021年荣获中国食品饮料行业创新力榜最具投资价值企业。

白酒领域。作为川酒六朵金花之一，水井坊酒类品牌价值全国排名第14，全兴酒业获评2022年中国品牌·典范100，文君酒厂和古川酒业获评"首届四川省十朵小金花白酒企业"，顺牛、蜀之源、文君井、宜府春、渔樵集团5家酒企获得"首届四川省原酒生产企业20强"称号，原酒竞争力不断提升。光良酒业荣获旧金山世界烈酒竞赛金奖、缪斯国际创意金奖，成为国内光瓶酒市场领军品牌。

方便休闲食品领域。希望食品2020年荣获"中国肉类食品行业先进企业"。"美好小酥肉"荣获Wow Food Awards 2020"最佳肉制品奖"，"农家小酥肉的年轻化之路"优秀案例荣获"消费创新优秀企业奖"。白家阿宽拥有"阿宽""白家陈记"两大主品牌，通过运用新流量，实现了线上线下全渠道运营体系，荣获2021年度中国新消费品牌营销金奖。四川品品食品获2021年中国食品行业科学技术领域最高荣誉"中国食品工业协会科学技术奖"一等奖。

健康饮料领域。新华西乳业凭借优质安全乳制品加工关键技术创新与智能化集成应用获得2020四川省科学技术进步奖。

三、创新驱动发展成效显著

政产学研用深度融合。郫都区、省食研院等共同投入建成国内首个采用数据库管理、结构完善的郫县豆瓣微生物菌种资源实物智能库。丹丹豆瓣与西华大学联合共建国家豆瓣酱加工技术研发专业中心，重点开展豆瓣酱酿造关键工艺优化研究、豆瓣酱酿造核心微生物研究以及豆瓣酱质量安全体系及标准研究，加快行业重大关键共性技术应用推广。

创新技术成果涌现。饭扫光集团自主研发的"罐式发酵豆瓣酱加工关键技术的创新与应用"达到国内领先水平。新兴粮油、红旗油脂等数10家国家高新技术企业已拥有自主知识产权上百项，其中液氮瞬时锁鲜技术、小榨浓香菜籽油加工工艺等专利技术达到国际、国内领先水平，传统特色肉制品标准化加工关键技术与装备研发等创新成果获得省科技进步奖①。

四、产业全链条融合发展加快

成都"食品+农业+服务"多链协同、绿色低碳的新格局正加快形成。上游延伸融合，原材料基地稳定安全。调味品企业积极布局海外原材料种植基地，丽通食品等龙头企业已在巴基斯坦、俄罗斯等地建成原辅料种植基地约30万亩。一二产业深度融合加快订单农业模式推广，吉选智慧、盒马等企业借助中欧班列（成渝）等交通枢纽，形成食材订单式供应优势②。下游空间拓展，商贸服务接续畅通。"食品+会展""食品+川菜""食品+旅游"等新业态发展迅速，成功打造了以鹃城、新希望为代表的新型生产体验场景；郫都川菜特色小镇获评首批省级特色小镇；继水井坊后，郫县豆瓣非物质文化遗产技艺体验基地成功上榜2022年四川省工业旅游示范基地名单。

五、关键要素配置优化

产业投资基金方面，新津与草根知本、成都交子产业基金共同发起成立了新津昇望交子新消费基金，草根知本已成功投资培育鲜生活冷链、新希望味业、徽记、川娃子、成都国酿等食品及相关企业，有利于企业利用多层次资本市场融资、助力绿色食品产业发展。政策资金支持方面，落实助企惠企30条政策措施，18家企业享受技改、新增投资和重大工业和信息化建设补助。

六、载体建设保障有力

成都绿色食品产业已形成以中国川菜产业城为主要承载地，青城山旅游装备产业功能区、天府农创园、天府现代种业园、简阳临空经济产业园、西岭雪山文体装备功能区、成都现代农业装备产业园、中国天府农业博览园为协同发展地的错位协同发展空间布局。着力保障重点项目用地需求，大塘酒肆核心区如期实现开工，白酒梦工厂等高品质科创空间加快建设。

---

① 成都市产业建圈强链工作领导小组：《全市重点产业链产业建圈强链工作推进情况汇报》，2022年。
② 成都市产业建圈强链工作领导小组：《全市重点产业链产业建圈强链工作推进情况汇报》，2022年。

第三节　未来发展方向

食品产业具有较强刚需属性，长期以来一直保持增长态势，未来仍将持续平稳增长。随着消费需求持续升级、数字化转型赋能发展、绿色转型全面推进，绿色食品产业各细分领域都将加快品牌化、绿色化、融合化、智能化发展步伐。成都绿色食品产业发展虽取得一定成效，但也存在本地食品品牌显示度有待提升，营销模式创新不足，以链主企业为牵引联通上下游、打通左右岸、融通产业链的配套支撑功能尚不完善等问题。食品产业关系民生，全国各大城市均在加快布局食品产业细分领域，成都作为人口超2100万的超大城市，应加快推动食品产业高质量发展。下一步建议聚焦引优育强、融合重构、营商优化等方面，推动生态"建圈"、产业"强链"，加快传统优势领域提档升级，培育产业新增长点，延伸产业链提升价值链。

一、引优育强促进夯基固本

食品产业发展离不开企业的发展壮大、项目的落地建设，链主企业以大带小优生态、重大关键项目量大面广促投资的作用日益突出。成都可围绕产业链上下游，着力招引一批产出效益高、核心竞争力强、辐射带动力大的高质量项目，培育一批技术含量高、创新意识强、发展潜力大的专精特新企业，加快形成竞争优势和规模效益。精准招引一批具有产业把控力的链主企业、质量过硬的配套企业，打造配套共享、功能互补、联系紧密、具有生态主导力的产业集群。壮大本土优势企业，引导白家阿宽、丹丹豆瓣等一批成长性好、潜力大的本土食品企业加快IPO进程，分类指导、精准服务，打通产业链堵点卡点断点。加快培育壮大扬名食品、圣恩生物等前景好、潜力足的企业成为行业链主企业，提升产业发展后劲。

二、推动产业跨界融合发展

食品产业具有接一连三的天然特性，与其他产业跨界融合发展的趋势越发明显，带动效应、倍增效应显现。成都可积极推动食品产业与现代农业、餐饮、文创以及生态旅游等产业融合互动，交叉融合拓市场，资源共享提能力。加快食品产业链纵向延伸和横向拓展，打造"食品+""白酒+""川菜+"等新场景，推动发展工业旅游、川味文旅等新业态，通过持续内容生产、多渠道分发、丰富文化体验，拉动消费需求、产生消费共鸣。加快培育知名食品品牌展会，形成"以产兴会、以会促产、产会一体"的良性互动新格局，打造具有全国乃至国际影响力的城市名片。支持老字号、地理标志产品运用互联网营销赋能产品升级，布好做强"线上+线下"双渠道。

三、做实产业发展要素保障

对于发展稳定、优势传统的食品产业而言，集聚核心资源、做实关键保障是优化产业生态、促进转型升级的重要抓手。成都应推动人才、资金等各类要素在食品产业充分涌流，为产业发展"配好，要素""配，好要素"。通过项目引才、以才引才、柔性引才等方式，吸引高技术人才正向流入；利用好成都高校院所资源，培养一批专业过硬、技术创新的复合型专业技术人才；实施"产业建圈强链人才计划"，进一步强化领军人才支持。把项目建设作为高质量发展的重要载体和关键引擎，持续做好项目落地指导服务，为企业提供良好、便捷的营商环境。设立壮大政府投资引导基金，瞄准细分赛道，加快推动预制菜等市级绿色食品产业子基金组建；积极引进食品领域风险投资机构，提高食品领域创新创业融资便利度，为企业全生命周期成长提供精细化金融服务支持。

第二十章

大数据产业链

数据是国家基础性战略资源，大数据产业作为战略新兴产业的重要组成，是激活数据要素潜能的关键支撑，是加快经济社会发展质量变革、效率变革、动力变革的重要引擎。成都将大数据产业作为数字经济产业生态圈建设的重点产业链，以场景赋能推动大数据产业发展，奋力打造"西部数都"，大数据发展指数跻身全国前列，数字经济正成为成都高质量发展更深层的发展逻辑、更快跃升的动力源泉。

第一节 总体建设情况

一、健全产业链工作机制

落实"6个1"工作机制。重点推动落实发展规划、编制产业图谱、实施专项政策、搭建创新平台、充实企业主体、举办品牌会展，结合产业实际，将"建设应用场景"作为大数据产业建圈强链的重点工作之一（大数据产业链全景图见图2-20-1）。2022年，成都大数据产业建圈强链行动在"6个1"工作机制上，还增加了"建立问题台账、完善金融服务、培育细分赛道"等特色工作（如表2-20-1所示）[①]。

[①] 成都市产业建圈强链工作领导小组：《全市重点产业链产业建圈强链工作推进情况汇报》，2022年。

制造业建圈强链
——高质量发展的成都实践

大数据融合应用
- 解决方案
- 行业应用
  - 电信大数据 / 交通大数据 / 教育大数据 / 营销大数据
  - 政府大数据 / 工业大数据 / 健康医疗大数据 / 金融大数据

大数据服务
- 数据安全服务
- 数据交易服务
- 数据可视化服务
- 大数据分析：流处理 / 交互查询 / 批处理 / 机器学习 / 人工智能
- 数据采集和预处理

大数据基础支撑
- 大数据平台
- 数据存储
- 云计算平台
- 硬件设备：网络设备 / 数据中心等存储设备 / 计算设备

成都产业链条概况：成都具有"东数西算"成渝枢纽优势和超算中心优势，在数字经济、人工智能、区块链等战略部署及政策红利叠加下，大数据应用、商用、民用发展均衡，网络安全技术和产业领先，5G"双千兆+"实现全面商用，大数据市场主体较为活跃，创新平台和人才较为富集，视听、营销等行业领先。

图2-20-1 大数据产业链全景图

-138-

表2-20-1　成都大数据产业链"6个1"工作机制

工作机制	文件/工作名称	主要内容
发展规划	成都大数据产业发展规划（2017—2025年）	构筑大数据产业发展支撑体系、供给体系、市场体系，打造全国大数据产业生态创新示范区、国家大数据产业集聚区和国际化大数据市场集散中心，建设"西部数据之都"，到2025年，全市大数据产业产值达到3000亿元。
产业图谱	成都大数据产业图谱	在"八个清"的基础上，增加招引目标、产业载体、产业准入、数据要素、比较优势、突破路径等特色内容。
专项政策	成都市促进大数据产业发展专项政策	重点深化数字化赋能、支持大数据企业发展壮大、涵养产业生态。
	成都市围绕超算智算加快算力产业发展的政策措施	围绕供给端提升算力设施能级，围绕需求端推进算力赋能应用，围绕供需对接提高算力服务能力和安全性。
创新平台	创新发展共同体认定管理办法（试行）	支持企业、高校院所、新型研发机构、中介服务机构、金融机构建立稳定市场合作关系的共生型组织。
企业名录	成都市新经济梯度培育企业认定办法（2022）	按照"新经济种子企业—新经济双百企业—新经济示范企业"三个梯度进行认定和培育，每年动态认定"新经济种子企业"不少于1000家，新认定"新经济双百企业"100家、"新经济示范企业"30家。
	成都市大数据及相关产业统计分类（2020年修订）	将大数据企业划分为三类，分别为大数据基础支撑企业、大数据服务企业、大数据融合应用企业。
品牌会展	2022成都大数据产业生态服务大会	搭建相关机构、行业协会与成都各界的交流、沟通平台，链接优质数据资源、促进资源要素汇聚融合、提升社会治理能力，助力成都打造具有本土特色的大数据支撑体系。

二、构建企业梯度培育体系

印发《成都市大数据及相关产业统计分类》，开展企业入库和年度大数据产业统计工作，目前入库企业865家，其中有36家企业上市。

科学遴选链主企业。制定《成都市大数据产业链主企业评价工作方案》，明确链主企业认定标准和指标评价体系，按照生态服务型、技术平台型、行业应用型三类，初步遴选出一批链主和潜在链主企业，形成50家链属重点企业库，建立起"链主企业—潜在链主企业—链属企业"培养梯队。

加强企业服务。构建"链主企业—准链主企业—链属企业"梯度培育机制，梳理核心要素需求和市场诉求，建立企业服务专班，举办政策、场景、空间、要素"四给"活动，开展供需对接等专题服务活动，建立问题台账，主动对接企业，协调解决企业服务问题和不足。

开展项目招引促建。紧贴链主企业开展招引促建，编制《链主企业生态招引目录》，推动腾讯未来中心、字节跳动生活服务总部项目、抖音开放平台项目签约。

三、创新数据要素流通机制

数据汇聚方面，推进区（市）县智慧治理中心建设，归集政府、企业、社会数据，接入城市智慧中枢"城市大脑"，推动政务信息资源交换共享，形成政务服务"一网通办"、城市运行"一网统管"、社会诉求"一键回应"网络理政新格局。数据流通方面，开展以公共数据流通为突破口的数据要素流通业务实践，成都市大数据集团打造智慧蓉城应用场景实验室，采用"政府搭台、企业唱戏"模式，搭建基于真实数据的测试场景，打造涵盖"场景供需对接、方案揭榜挂帅、功能验证测试、成果共建共享"的公共数据运营服务平台。

四、加强智慧蓉城场景供给

制定《供场景给机会加快新经济发展的若干政策措施》，开展城市未来场景实验室、应用场景示范区、示范应用场景项目申报工作，确定6个城市未来场景实验室、6个应用场景示范区、41个示范应用场景项目立项。实施大数据领域"3+N"场景供给计划，以公共服务、公共管理、公共安全为重点，以智慧医疗、智能空管、普惠金融、智慧交通等为特色领域，加快拓展大数据在政务、医疗、教育、安防等公共领域的创新应用，搭建智能化产业融合及智慧城市运行的应用场景，以应用带动集成，以场景生成数据，推动数字孪生城市布局向纵深发展，逐步构建"全场景智慧城市"。

五、培育区块链、元宇宙等细分赛道

落实国家区块链创新应用试点要求，将区块链作为大数据产业的重点细分产业。印发《成都市区块链产业统计分类（试行）》，开展产业统计监测，组织编制产业图谱和产业发展报告。编制试点实施方案及专项政策，对"基础设施+应用场景"予以重点支持，加快培育领军企业、推动产业集聚发展、引导产业安全有序

发展。

举办2022成都全球创新创业交易会——第二届国际区块链创新应用博览会，通过"会+展+赛+交易"的形式，链接一批优质企业、招引一批高能级产业项目、吸引一批国际国内领军人才、助推一批资本投资合作、促成一批技术成果交易，促进各类创新要素聚集，助力成都产业建圈强链和"智慧蓉城"建设，持续提升创新创业交易会品牌影响力和创新创业号召力。

发布《成都市元宇宙产业发展行动方案（2022—2025年）》，提出"关键产业、核心技术、市场主体、应用场景、内容储备、创新生态"6方面发展目标，构建独具成都特色的元宇宙前沿产业集群，提出力争到2025年，成都元宇宙相关产业规模达到1500亿元。开展元宇宙应用场景融合等6大重点任务，鼓励打造"元工业、元消费、元健康、元教育"等9大应用场景。

第二节 建设成效

一、产业链培育情况

2022年，成都大数据发展指数位列重点城市第四。4企业家入选中国大数据企业50强，居全国第二。产业规模823亿元，同比增长35%，实现两年翻一番。基础设施建设方面，全国仅成都和上海同时拥有超算、智算双中心，并且成都超算中心算力性能位列全球第七，成都智算中心公共算力平台算力填充率已达84%。应用场景方面，围绕"智慧蓉城"建设，已形成众多应用平台、应用场景和特色服务，5个项目入选2022年工业和信息化部大数据产业发展试点示范项目名单。总体来看，成都大数据产业已实现基础支撑层、数据服务层和融合应用层全产业链布局，各层企业数占比分别为15.2%、17.1%、67.7%[①]，呈现规模高速增长、融合应用持续深入的发展态势。

二、企业梯度培育情况

初步遴选腾讯（成都）研究院、积微物联等企业作为大数据产业链主企业，

---

① 成都市经济和信息化局：《祝贺！成都数字化发展能力跻身全国第一方阵》，https://mp.weixin.qq.com/s/WMXmvct12RuYvh2zgjSuOA。

发挥链主企业生态带动作用，围绕腾讯"开悟"、华为"昇腾"生态系统，开展人才培育、科技成果转化及应用落地合作，发布"众智计划"和"人才发展加速计划"。大数据知名企业不断增多，数联铭品、勤智数码、智审数据、四方伟业、创意信息等多家企业连续入选中国大数据企业50强（如表2-20-2所示）。

表2-20-2 成都大数据产业链代表企业

序号	企业名称	发展领域
1	成都数联铭品科技有限公司	征信、金融、政企解决方案提供商，商业大数据行业标准COSR数据服务框架发布者
2	成都四方伟业软件股份有限公司	大数据基础、大数据分析、大数据可视化
3	创意信息技术股份有限公司	大数据产品及综合解决方案
4	成都智审数据有限公司	审计大数据
5	成都数字医健科技有限公司	健康大数据
6	成都勤智数码科技股份有限公司	智慧城市大数据
7	成都数之联科技有限公司	政务大数据、工业大数据、食药安全大数据
8	成都映潮科技股份有限公司	电商大数据、乡村大数据
9	成都三泰控股集团股份有限公司	社区商业大数据

三、创新平台建设情况

国家级创新平台方面，落地提升政府治理能力大数据应用技术国家工程实验室、综合交通大数据应用技术国家工程实验室、工业大数据应用技术国家工程实验室、电力系统国家重点实验室能源互联网分室4个国家级创新平台及其分支机构。

新型研发机构方面，随着大数据行业应用不断拓展，各细分领域企业加快设立大数据方面创新机构，集聚了中国铁投智慧交通管理中心、中国铁建数创西南研发及运营中心、西门子—联晟成渝数字化物联网赋能中心、成都国际铁路港物流大数据创新中心、中国信息通信研究院成渝研究院等一批新型研发机构。

产学研联合实验室、工程技术中心方面，大数据企业与本地高校优势学科强强联合，建成了勤智数码（成都信息工程学院）、汇源吉迅（电子科技大学）、易诚智讯（电子科技大学）等代表平台，以及医学大数据、旅游大数据、遥感大数据等领域工程技术中心。

四、优化要素配置情况

人才汇聚方面，建立国际国内领军人才库，评选认定成都市大数据领军人才和产业建圈强链人才，筹建成都市区块链创新应用专家智囊团。

产业基金方面，设立成都新经济产业股权投资基金。

五、产业载体建设情况

初步形成以成都科学城为主要承载地，成都新经济活力区（数据服务）、天府牧山数字新城（数字新基建）、天府数字文创城（网络视听）、成都欧洲产业城（5G及智能电器研发应用）、成都医学城（数字医疗）、崇州消费电子产业园（消费电子）、大邑县智慧农业产业园（数字农业）为协同发展地的大数据产业布局。其中，成都科学城作为天府新区核心发展区，聚焦大数据、人工智能等数字经济核心产业，着力推动数字经济高质量发展，正加快推进四川天府新区建设全省数字经济示范基地。

第三节　未来发展重点

当前，我国工业经济正向数字经济加快迈进，大数据产业进入集成创新、快速发展、深度应用、结构优化的新阶段，大数据技术体系架构基本成形，大数据技术应用领域不断拓宽，数据基础设施内涵不断延伸，数据安全防护面临更高要求。成都突出建圈强链、数实融合，构建现代化产业体系，加快打造网络强市、数字成都。对表对标工信部《"十四五"大数据产业发展规划》和重点城市大数据产业发展进展，成都需要进一步提升大数据产业关键技术、前沿技术研发能力，补齐数据共享开放平台、数据交易平台、数据行业应用平台等短板缺项，建强大数据高端产品链和服务链，推动构建稳健高效、繁荣有序的大数据产业链和产业生态。

一是加强大数据关键技术攻关。鼓励高校、科研单位、创新型企业间合作，进一步推动产学研用一体化协同创新。一方面，提升数据清洗、数据脱敏、数据标注、数据分析、数据可视化等大数据关键技术水平。另一方面，着眼大数据基础软硬件的技术自主创新需要，发展面向大数据的新型计算、存储、传感、通信等芯片及融合架构、关键模块和信息技术设备，推动自主开源框架、组建和工具的研发。

二是完善大数据产品和服务生态体系。目前，成都大数据产业链本土生态服务型龙头企业缺乏，技术平台型企业规模普遍较小，行业应用型企业偏少。需要进一步加大对生态服务型链主企业的引进力度，挖掘和培育一批行业应用型和技术平台型链主企业，完善大数据生产采集、存储加工、分析服务等高端产品链，推动数据清洗、数据标注、数据分析、数据可视化等大数据服务链专业化、工程化、平台化发展。

三是加快数据存储计算、流通交易、行业应用平台建设。随着数据基础设施的内涵从传统的数据中心向数据要素主要生命周期延伸，高性能计算中心、智能计算中心、数据共享开放和交易平台、数据行业应用平台等成为大数据行业赋能的重要基础设施。成都应借力"东数西算"，用好算力产业政策12条，做大做强算力产业链，引导数据中心向算力中心转变；建立数字化服务机构认定、培育机制，建设更多行业性数据汇聚、分析、服务平台，推动大数据应用向其他行业拓展；提升公共数据开放平台能级，探索商业数据资产化路径，以智慧蓉城建设为牵引，促进大数据新技术、新产品、新模式落地转化，以应用带动集成，以场景生成数据，逐步构建"全场景智慧城市"。

第二十一章

人工智能产业链

人工智能作为引领未来的战略性技术，已成为国际竞争的新焦点。近年来，成都先后获批国家数字经济创新发展试验区、新一代人工智能创新发展试验区、人工智能创新应用先导区，人工智能进入快速发展阶段。

第一节　总体建设情况

一、编制发展规划，明确发展目标定位

2022年，结合产业趋势、国家战略、发展方向、工作重点编制规划，形成《成都市新一代人工智能产业发展规划（2022—2025）》。规划提出，到2025年，全市人工智能产值突破1500亿元，国家新一代人工智能创新发展试验区以及国家人工智能创新应用先导区建设成效明显，成都人工智能技术创新能力和产业竞争力显著提升，要素集聚与培育体系完善，人工智能在生产生活城市治理应用广泛，打造创新活跃、能级领先、生态完备、应用广泛的全国人工智能产业发展高地[1]。

二、编制产业图谱，建立完善统计制度

结合"八个清"工作要求，图形化、清单化更新产业链图谱（人工智能产业链

---

[1] 成都市新经济发展委员会、成都市经济和信息化局、成都市发展和改革委员会等：《成都市新一代人工智能产业发展规划（2022—2025）》，2022年。

全景图见图2-21-1），编制完成《成都市人工智能产业发展报告（2022）》。在全国范围内率先探索科学系统的产业结构划分，建立人工智能产业统计制度，目前全市人工智能入库企业667家。

三、聚焦关键环节，推进项目招引落地

聚焦产业链关键环节精准招引，梳理形成人工智能重点招引目标企业名单，印发《新经济系统招商引智攻坚行动工作方案》《成都市大数据、人工智能产业招商引智工作方案》，以链主企业、领军团队为重点推进项目招引。全市人工智能产业链已落地腾讯智能网联创新中心等链主企业项目，云迹科技西南总部及智造中心、北京京东智能供应链产业园、埃斯顿工业机器人智能制造基地等链属企业项目。

四、举行国际会展，搭建合作交流平台

结合国家新一代人工智能创新发展试验区、人工智能创新应用先导区建设要求，先后举办中国人工智能大会、中国（成都）人工智能产业CEO大会、兴隆湖新经济发展论坛、腾讯STAC科创联合大会、昇腾AI开发者创享日等活动。组建人工智能产业协会、人工智能产业生态联盟等行业组织，促进行业内合作交流。

第二节 建设成效

一、产业快速发展，居全国第二梯队上游位置

2022年，成都人工智能产业规模达616亿元，同比增长49%，人工智能核心产业规模排名全国第七，居全国第二梯队排头位置[①]。成都已形成基础层、技术层、应用层全产业链覆盖的人工智能产业发展格局。基础层拥有西南地区最大的人工智能计算中心——成都智算中心，在算力基础设施保障领域具有一定优势；技术层引进了旷视科技、科大讯飞等行业领军企业，在人脸识别、智能语音等领域技术优势突出；应用层集聚了川大智胜、四方伟业等重点企业，在无人机、智慧医疗、智慧交通等领域优势突出。

---

① 成都市产业建圈强链工作领导小组：《全市重点产业建圈强链评估报告汇编》，2023年。

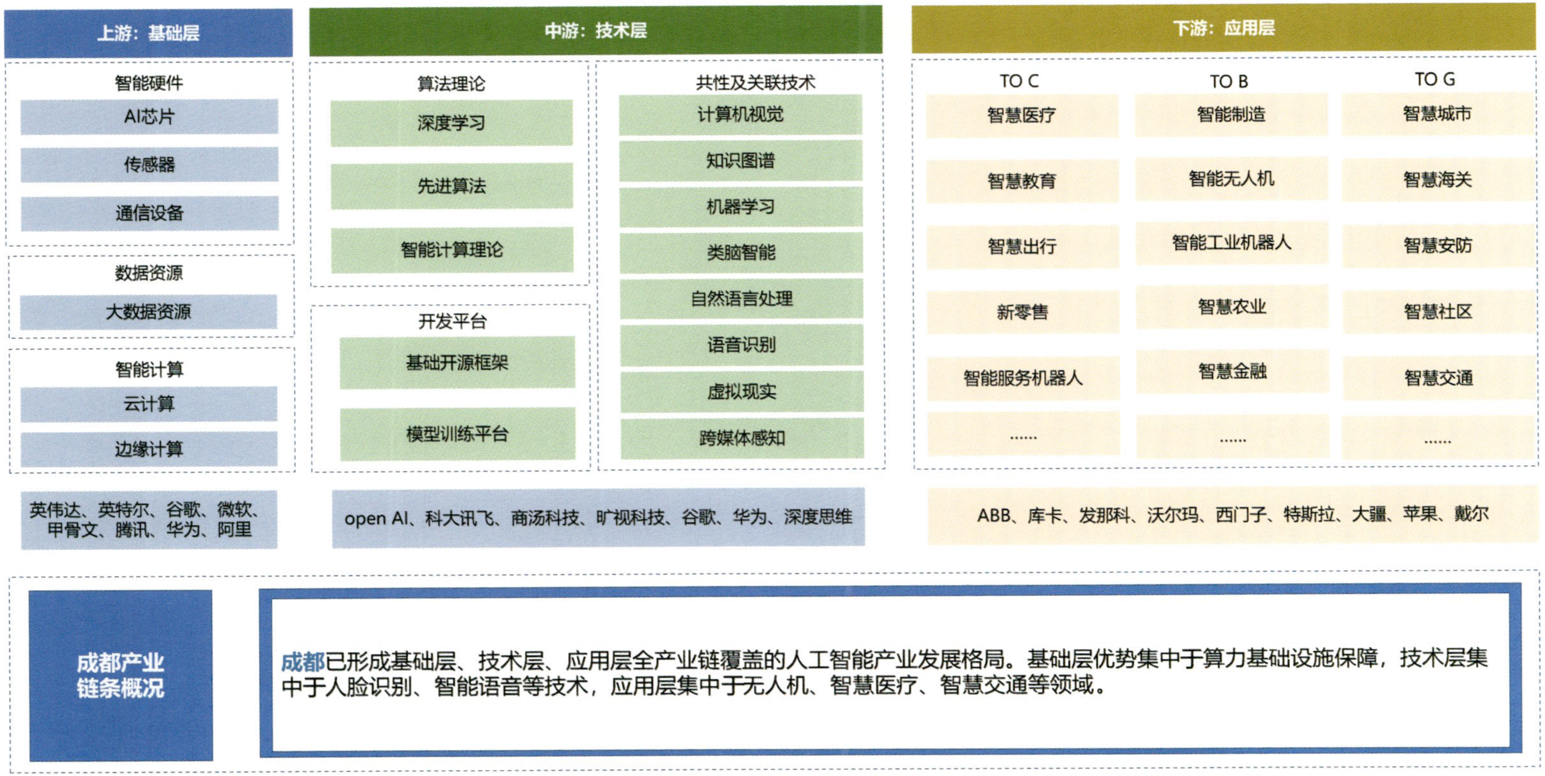

第二篇 重点产业链篇

上游：基础层

智能硬件
- AI芯片
- 传感器
- 通信设备

数据资源
- 大数据资源

智能计算
- 云计算
- 边缘计算

英伟达、英特尔、谷歌、微软、申菁文、腾讯、华为、阿里

中游：技术层

算法理论
- 深度学习
- 先进算法
- 智能计算理论

开发平台
- 基础开源框架
- 模型训练平台

共性及关联技术
- 计算机视觉
- 知识图谱
- 机器学习
- 类脑智能
- 自然语言处理
- 语音识别
- 虚拟现实
- 跨媒体感知

open AI、科大讯飞、商汤科技、旷视科技、谷歌、华为、深度思维

下游：应用层

TO C
- 智慧医疗
- 智慧教育
- 智慧出行
- 新零售
- 智能服务机器人
- ……

TO B
- 智能制造
- 智能无人机
- 智能工业机器人
- 智慧农业
- 智慧金融
- ……

TO G
- 智慧城市
- 智慧海关
- 智慧安防
- 智慧社区
- 智慧交通
- ……

ABB、库卡、发那科、沃尔玛、特斯拉、大疆、苹果、戴尔

成都产业链条概况

成都已形成基础层、技术层、应用层全产业链覆盖的人工智能产业发展格局。基础层优势集中于算力基础设施保障，技术层集中于人脸识别、智能语音等技术，应用层集中于无人机、智慧医疗、智慧交通等领域。

图2-21-1 人工智能产业链全景图

—147—

二、集聚效应凸显，企业生态体系基本形成

成都已落地百度、阿里、腾讯、华为、商汤、科大讯飞等生态型链主企业，为发展人工智能产业奠定了坚实基础；本土培育考拉悠然、创意信息、晓多科技、川大智胜等潜在链主企业，在算力、智慧城市、智慧交通等领域已建立完整的产业配套协作体系。其中，深启英泰伦是行业首家同时掌握人工智能语音算法、芯片设计、语音数据处理及训练引擎、软硬件产品应用方案开发全技术链的企业。川大智胜是国内领先的三维人脸识别系统及空中交通管制系统的产品开发、系统集成和服务供应商；布法罗机器人与电子科技大学合作研制的"下肢步行外骨骼"成为全国首批获得认证的外骨骼机器人；智元汇开发了全国首个现代智慧城轨系统解决方案，已成为中国城市轨道交通场景最大的AI赋能平台型企业[1]。

三、创新资源集聚，政产学研用深度融合

近年来，成都携手国内顶尖高校，扩大市校合作"朋友圈"，打造了成都川哈工机器人及智能装备产业技术研究院有限公司、四川脑科学与类脑智能研究院、四川省人工智能研究院等新型研发机构；拥有先进微处理器技术国家工程研究中心、四川国家应用数学中心等近10个人工智能相关国家级创新平台，敏捷智能计算四川省重点实验室、四川省大数据智能建模与分析工程技术研究中心、四川省智慧物联通信技术工程研究中心等30余个省级创新平台，考拉悠然AI创新中心、百度Apollo智能驾驶创新中心、科大讯飞四川天府新区研发运营中心等40余个市级创新平台[2]。

四、优化要素配置，产业生态体系不断完善

数据要素方面，以搭建数据平台为特色、以政务数据为核心的城市大脑数据系统在国内处于领先行列，汇聚了政府、企业和社会753类60亿余条数据资源，在全国范围内开创了公共数据授权运营先河；建成全市统一的政务信息资源共享平台，日均交换共享数据5000万条；搭建成都市公共数据运营服务平台，接入全市3.1亿

---

[1] 成都智慧互联网研究院有限公司：《成都市人工智能产业发展白皮书（2022）》，2022年。
[2] 成都市新经济发展委员会、成都市经济和信息化局、成都市发展和改革委员会等：《成都市新一代人工智能产业发展规划（2022—2025）》，2022年。

条公共数据，形成标准化数据API产品和沙箱模型服务80余个、数字化应用场景40余个。

人才要素方面，成都软件、大数据、5G通信、机器人等领域人才储备丰富，拥有软件产业从业人员近56.9万人[①]，程序员人才供需排名全国第六、中西部第一[②]，新一代信息技术领域本科及以上毕业生每年超过4万人。自2019年起实施"蓉贝"软件人才计划，按照"行业领军者、技术领衔人、资深工程师"三个层次评聘优秀软件人才，已认定"蓉贝"软件人才超400名。筹备组建成都市人工智能专家智囊团，组织开展2022年度"成都市产业建圈强链人才计划"人工智能产业链项目申报，形成《成都数字经济建圈强链人才发展报告》。

基金要素方面，成立成都新经济产业股权投资基金合伙企业（有限合伙），设立总规模100亿元新经济产业投资基金，首期规模10亿元，主要投向人工智能等数字经济产业。成立成都市产业引导股权投资基金、成都市技转创投、成都市重大产业化项目投资基金等国有投资基金，结合社会资本，大力支持人工智能领域企业发展。新经济天使投资基金及其参股子基金已投资人工智能项目10个、资金3900万元，建设新经济专业化银行服务企业发展。川大智胜、纵横自动化、创意信息、振芯科技、极米科技、中科信息等企业成功上市，晓多科技、时识科技、数之联、启英泰伦、拟合未来、睿畜科技、考拉悠然、美幻科技等企业多次获得大额投资[③]。

五、强化载体建设，形成"1+7+N"区域发展格局

目前，成都已形成人工智能产业"1个主要承载地+7个协同发展地+N个带动发展地"的区域发展格局。以新经济活力区为主阵地，围绕算力、系统软件、"AI+医疗""AI+金融""AI+交通""AI+智造"等核心领域推进产创协同、全域联动，打造人工智能科技创新高地、产业聚集高地和要素汇聚高地。依托成都科学城、龙潭工业机器人产业功能区、成都芯谷、白鹭湾新经济总部功能区、龙泉汽车城、成都医学城、天府牧山数字新城，着力打造以技术创新、智能芯片、智能终端、智慧金

---

① 成都市经济和信息化局、成都市工业经济和信息化研究院：《2021成都工业和信息化发展报告》，2022年。

② 成都市新经济发展委员会、成都市经济和信息化局：《成都市人工智能产业集群方案》，2022年。

③ 成都市新经济发展委员会、成都市经济和信息化局、成都市发展和改革委员会等：《成都市新一代人工智能产业发展规划（2022—2025）》，2022年。

融、智能交通、智能制造、智慧城市等为重点的人工智能协同发展区。

第三节 未来发展方向

人工智能作为战略性新兴产业，日益成为科技创新、产业升级和生产力提升的重要驱动力量。当前，成都人工智能产业虽取得一定成效，但与其他先进城市相比仍存在不少问题。如，成都人工智能产业规模约为上海的1/5、北京的1/3[①]，在以智能芯片、开源框架、核心算法为代表的产业基础领域实力薄弱；高端要素资源不足，创新能力较弱，成都只有1家国家工程研究中心，尚未建成国家级重点实验室和开放创新平台；高层次人才相对稀缺，居全国第8位；人工智能投资活跃度排名靠后，资本吸引力较弱。下一步，建议抢抓人工智能产业发展战略机遇期，以培育创新产业集群为目标，以超级场景泛在为牵引，以基本要素供给为支持，高质量推进产业建圈强链，高起点推进治理范式变革，推动人工智能聚力成势，以最优产业生态向全球作出成都表达，在新一轮城市竞争中争先进位。

一、聚焦重点突破，培育更具竞争力的创新产业集群

把握全球人工智能发展趋势，立足城市自身产业优势，以国家人工智能创新应用先导区建设为契机，聚焦基础层、技术层、应用层发展十大重点领域，构建"3+4+3"人工智能产业体系。以AI芯片、AI系统软件等基础层突破，占领产业链战略控制点和生态聚合点；以深度学习、计算机视觉等技术层突破，拓展应用市场和提高应用效能；以无人机、智能驾驶等应用层突破，提升产业规模和发展能级。

二、突出场景示范，汇聚多方力量加速产业化进程

当前，人工智能已进入深度应用、赋能百业的新阶段，场景化落地成为行业发展的重要驱动力。应充分发挥政府引导示范作用，以智慧蓉城建设为牵引，不断优化场景供给和机会清单发布机制，围绕产业发展、品质生活、城市治理、重大活动等领域，分批分类打造，构建"4+2+3+1"十大重大场景。以增强人工智能产业的显示度和竞争力为导向，聚力打造智能制造、智慧医疗、智慧金融等场景；发挥成

---

① 成都市产业建圈强链工作领导小组：《全市重点产业建圈强链评估报告汇编》，2023年。

都本地超大规模市场优势，聚焦发展智慧零售、智慧教育；围绕成都进入超大城市阵列，加强城市治理，打造智慧交通、智慧文旅、智慧能源等场景。

三、强化要素供给，推动资源开放共享高效赋能

人工智能作为资金、人才、技术密集型产业，应进一步强化高端要素供给能力，加快修订和出台成都人工智能产业专项政策。打造公共数据开放平台，推动公共数据分类分级开放共享，提供高质量数据集。探索搭建数据交易平台、投融资对接平台、领军人才沟通平台，推动要素资源化、资产化、资本化发展。支持以天府实验室、中国科学院、四川大学、电子科技大学等为核心开展前沿算法理论探索研究。鼓励和支持市场主体建设普惠AI开源开放平台，围绕华为鲲鹏、中德智能网联汽车试验基地等平台探索建设开源社区。

四、实施敏捷治理，让治理范式紧跟时代创新步伐

把握全球化人工智能治理体系正在逐步形成的时间窗口，以规则之先引领发展之先，以治理之变应对创新之变，以底线约束防范治理风险，探索构建系统化的人工智能治理框架，为全球人工智能治理贡献成都智慧。借鉴先进地区相对成熟且可复制可推广的事项，研究制定《成都人工智能产业发展指引》，争取省人大支持在成都率先开展人工智能产业促进立法。发挥成都人工智能专家智囊团、伦理委员会的行业自治和伦理监管作用，开展人工智能产品和应用的社会综合影响评估，适时发布伦理安全指南，及时调整发展政策。

第三篇
Chapter 3
典型案例篇

| 案例一 |

链主+配套企业合作：新都"小核心、大协作"模式

一、解决问题

党的二十大报告强调，要"巩固提高一体化国家战略体系和能力"，优化国防科技工业体系和布局，加强国防科技工业能力建设。巩固提高一体化国家战略体系和能力的根本目的，就是通过构建完善相应的战略体系，实现国家战略资源的优化配置和高效利用[①]。能否有效地优化配置和高效利用军民资源，实现重点领域基础建设和国防工业、武器装备科研生产等军地双向拉动，关系到国家战略目标能否最终实现。成都新都区深入贯彻中央决策部署，认真落实制造强省、制造强市相关要求，联合成飞公司共建四川成都航空产业园，探索形成"1+1+N"（政府+龙头企业+配套企业）融合发展模式，打造"利益共同体、发展共同体"，打通航空装备生产环节堵点，提升军民协作配套水平，形成优势突出、创新力强、拥有知名品牌的航空装备产业集群，为加快构建一体化国家战略体系和能力作出积极贡献。

---

① 李晓阳：《巩固提高一体化国家战略体系和能力》，http://www.81.cn/yw_208727/10207873.html。

二、亮点举措

（一）坚持专业化导向，做优顶层设计

园区建设之初，新都区政府就与成飞公司展开深度合作，联合进行园区专业策划和设计。成飞公司根据所需配套产品、产能，以及基础零部件、材料、工艺等技术攻关重点，研究提出园区功能布局、建设规模等具体需求（如图3-1-1所示）。新都区政府围绕园区功能定位，综合考量区内规划、政策空间、行业特点等因素，全面统筹土地、能源、资金等资源，委托专业机构，建设柔性机加、智能钣金、数字化装配、航空工艺装备四个制造基地。园区建设过程中，政府和链主企业的合作持续深化，双方围绕航空产业共同制定专业政策，成飞公司制定入园激励机制，政府制定招商政策和产业政策，最大限度地契合企业的政策敏感性，提升园区吸引力。

图3-1-1　四川成都航空产业园

（二）坚持链主引领，建强核心产业链

发挥链主企业资源聚合和产业带动效应，牵头开展项目引育、产业协作，推动产业发展集聚提能。在项目招引方面，由成飞公司主导项目招引，系统梳理全链条无备份、独子线、产能不足等环节，精准锁定引育目标，同步匹配技术输出、订单倾斜等激励方式吸引配套企业入驻，确保配套项目在招引之初就符合型号任务急

需，符合科研生产中长期发展趋势。在产业协作方面，成飞公司输出优势技术和先进管理经验，对入园企业进行一对一辅导、全过程质量监控，并与企业协同创新，帮助企业提升工艺水平。同时，围绕航空高端智能制造需求，在成飞公司推动下，园区引进高端精密数控机床主轴、导轨、刀具等细分领域的领先企业，共同规划建设成都智能制造装备产业园；联合上海交通大学共建航空制造工艺研究院、智能制造装备研究院。

（三）聚焦敏感要素，建优生态圈环境

聚焦技术、资金、标准厂房等核心要素需求，搭平台、建载体、优服务，持续优化产业生态环境。搭建共享平台，区属平台公司联合企业，建设航空热表处理、检验检测、产品交付、智能物料"四中心"，引进航空智造共享云服务、工艺创新服务、科成云大数据存储分析服务、川能智网能源管理服务"四平台"，为园区中小企业提供专业技术服务。定制标准厂房，充分考虑航空大部件制造空间特殊需求，以平台公司为主体，创新实施"单层小户型与多层大厂房并举、厂房面积自由组合拆分"的标准化厂房设计改造模式（如图3-1-2所示），并采用租赁方式进行集中供给，降低企业重资产投入。优化融资服务，园区联合金融机构试点推广"军品订单贷""信用担保贷""园区平台贷"等专属融资产品，重点支持关键技术攻关及产能提升项目，联合省市国有资本、行业领军企业组建总规模超过百亿元的多支产业基金，服务企业融资需求。

图3-1-2 标准化厂房

三、取得成效

（一）保障军工供应链安全稳健运行

通过联合做规划、定政策、建链条，有效破解军工总体单位配套半径过长、技术协同效率低等问题，大幅提升航空供应链的战略安全和快速响应能力，并为国产商用大飞机量产和参与国际竞争提供重要保障。目前，园区围绕军工总体单位成飞公司，落地航空大部件优质项目42个，以数字化、智能化理念建成100条生产线[①]，形成了"一小时"全链条配套圈，实现了上下楼就是上下游，左邻右舍就是供应链，形成稳定、规模化的航空零部件供应能力。

（二）有效带动地方经济发展

新都区依托成飞公司推进航空产业链补链强链，构建起"头部引领、集群支撑、链式互补"的产业生态，已成为成都建圈强链的排头兵，逐步走出一条产业高质量发展智造强区新路。项目引进更加精准、质量更高，长之琳、永峰科技等一大批行业"隐形冠军""单项冠军"落地，入园企业100%为高新技术企业，80%以上成长为上市公司，50%以上成长为专精特新"小巨人"[②]。航空大部件产业实现从无到有、起势腾飞，2022年，新都航空产业实现产值85亿元，增长21.4%[③]。

（三）形成专业化航空产业园

航空产业园建设取得了产业协同能力强、项目推进速度快、企业发展负担轻、要素配置效益高、资金获取能力强"五大成效"，正加快打造全国航空制造专业门类最齐全、协同创新发展效应最显著、专业化水平最高的航空大部件研发制造基地。2022年底，"四中心"最后一个功能——表处理中心投入使用，航空产业园实

[①] 包瑞雪、刘正川：《新都，冲！》，https://mp.weixin.qq.com/s/SetGisDJYUmEHyYdDLO9eA。
[②] 《新都实施产业建圈强链行动，推动航空产业高质量发展》，https://mp.weixin.qq.com/s/etg6WHb52pRbHE_eFpYOUA。
[③] 刘正川、包瑞雪：《新都再进位！蝉联全国创新百强区》，https://mp.weixin.qq.com/s/MA-ssiRdQ7xqF90pwM3lJA。

现全功能运营,成为集航空原材料下料仓储配送、零件加工、中小部件装配、工装制造、理化测试、热表处理和产品检验于一体的专业化园区。

| 案例二 |

跨行政区合作：天府国际生物城

一、解决问题

经济区与行政区适度分离改革是由中央财经委员会第六次会议和《成渝地区双城经济圈建设规划纲要》部署的一项重要改革任务，要求以经济管理权限与行政区范围适度分离为重点，打破制约经济运行和区域一体化的行政壁垒。成都高新区和双流区采用"飞地经济"模式共建天府国际生物城，通过构建专业化市场化管理运营机制、成本共担利益共享机制等创新举措，打破行政边界对产业要素跨区域调度运行的抑制和束缚，解决了两地之间协同联动工作机制不畅的问题，改变了要素扭曲配置局面，实现两地资源整合、优势互补、协作共赢，在更大范围更高层次更宽领域配置资源、运作市场、参与竞合，成为经济区与行政区适度分离改革探索的成功范例。

二、亮点举措

一是坚持优势资源互补，明确合作双方职责分工。充分发挥成都高新区科技创新、产业培育、营商环境建设优势，依托双流区航空枢纽口岸区位功能、优良的载体空间优势、社会管理公共服务体系，聚力合作共建生物城，明确"成都高新区主导经济发展事务+双流区主导社会管理服务事务"的职责分工。由成都高新区牵头负责规划建设、投资促进、产业发展与企业服务、财务金融等工作，充分发挥其在培育孵化高技术产业上的先进方法与经验、在产业园区运营上的创新理念与模式，推动生物城产业加速发展壮大；由双流区牵头负责拆迁安置、城市管理、文化教育、医疗卫生等工作，推广利用"互联网+政府"等营商环境建设方面的创新举措和经验做法，全方位提升生物城社会管理服务能力和水平。

二是坚持市场化导向，构建高效协同管理运营体制。实行"合作共建领导小组+管委会+平台公司"的管理运营模式。领导小组由成都高新区、双流区主要负责同志及相关部门组成，共同议定生物城顶层设计、年度目标等重大事项，起到把方向、管大局的作用。生物城管委会由成都高新区、双流区抽调干部及社招人员组成，在授权范围内行使规划建设、招商引资、产业发展、企业服务、拆迁安置、社会治理等具体事项的决策权，大幅提高生物城工作机制的运行效率。由成都高新区、双流区共同出资组建生物城投资开发公司，作为生物城建设发展的市场主体，以片区综合开发的思维，推进产业服务、资本运作和公共基础设施建设运营等工作，通过专业化市场化的运营模式，促进资源要素精准配置、提升园区开发建设和管理服务效率、释放撬动社会资本乘数效应。坚持专业化导向，成立由国药集团、四川大学华西医院、生物城投资开发公司等多方参与、共同治理的生物产业专家联合会，开展产业研讨、项目评审、主题沙龙等活动，共同建设公共技术平台，推动生物城聚焦现代生物技术药、化学创新药、高性能医疗器械等5个产业细分领域发展（如图3-2-1所示）。

图3-2-1 天府国际生物城

三是坚持合作共赢理念，建立成本共担利益共享机制。生物城通过利益共享和成本共担的方式保障成都高新区和双流区发展权益，充分调动两地共同"做大蛋糕"的积极性。在成本共担方面，成都高新区、双流区按照6:4的比例连续5年每年向生物城公司注资5亿元，基于生物城获取的地方财政收入，双方原则上短期内不进行分配，由两区全额预算列支给生物城，依规用于生物城基础设施及配套建设、产业发展等支出领域，在保证公平性的前提下，着眼长远、力求长效为生物城发展提供长期资金保障。在利益共享方面，生物城产生的考核指标数据和地方财政收入按照6∶4分配，固定资产投资、规上工业企业产值、税收等统计联网直报指标，由两区相应部门对接市级对应部门核实入统项目及数据。新签约引进重大项目、实际到位市外内资、实际利用外资等非统计联网直报指标，由生物城管委会负责定期收集相关指标数据。经双方协商一致决定分配的生物城地方财政收入结余由双方财政与生物城管委会按比例进行结算。

四是坚持赋能放权，建立高水平治理的保障体系。按照"办事不出产业功能区"的理念，构建形成全生命周期行政管理服务体系，全力为产业发展保驾护航。按照"能授尽授"原则，成都高新区、双流区将企业服务、城市管理等62项行政审批和管理权限下放至生物城，成立全市首个产业功能区政务服务中心，打破企业获取各类资源要素和政策服务的地域约束和行政壁垒，有效解决了不同区域、不同部门、不同产业协同联动工作机制不畅的问题，提升了行政审批、企业服务效率和资源要素配置精准度，同时强化专业服务，推动金融、检验检测、法律、人才等方面专业机构、专业服务进驻生物城，入驻四川省药监局工作站，为园区生物医药企业提供行政审批事项受理前咨询服务、产品注册和生产准入政策指导。强化监管执法，打破"谁审批谁监管"传统方式，创新实施"审批与监管协同"服务管理体系，主动对授权生物城的行政审批事项开展随机抽检、定期抽检，有力提升了生物城综合治理水平。例如，双流区相关部门将规划建设审批、产业发展管理、社会事务统筹等相关权限授予生物城管委，创新实施"注册与审批分离，审批与监管协同"服务管理体系，对分别在共建双方进行工商税务登记注册的项目根据企业实际生产经营场所按属地管理原则履行监管职责。

三、取得成效

成都高新区和双流区围绕成都天府国际生物城共建，以合作模式、管理机制、运营机制和利益共享机制等创新，在园区开发建设、招商引资、产业培育等方面取得显著成效，稳居全国生物医药园区竞争力排行榜第一方阵，是成都产业建圈强链和重点片区开发建设的生动实践。截至2022年11月，生物城累计落户创新药、医疗器械重大产业化项目200个，总投资超1200亿元，聚集诺贝尔奖团队5个、国家级院士团队4个、高层次人才团队51个，汇集产业人才超过10000人[①]。以片区综合开发思维，推进产业服务、资本运作和公共基础设施建设运营，累计开展建设项目77个，建成高品质科创空间载体约64万平方米、人才公寓27万平方米。依托全国首个重大新药创制国家科技重大专项成果转移转化试点示范基地建设，累计承接新药成果转移转化服务879项，支持89个新药品种国内或国际申报、52个品种获得新药证书或生产批件，已聚集在研药械品种134个[②]。建成国家精准医学产业创新中心（如图3-2-2所示）、先导药物DNA编码化合物筛选平台、华西海圻新药安全性评价中心等新药创制共性技术平台和高能级科研型创新服务平台共40个，初步形成从靶点发现、药物筛选、药学研究、安全性评价、有效性评价、临床试验到中试放大的"一站式"生物医药创新服务体系。

图3-2-2 国家精准医学产业创新中心

---

① 科学技术部火炬高技术产业开发中心：《成都高新区、双流区积极探索经济区与行政区适度分离　全力推动成都天府国际生物城高质量发展》，http://www.innofund.gov.cn/kjb/dfdt/202111/7d043ea7bd3e44c88c8bf0651c004be7.shtml。

② 成都市高新区、成都市双流区：《探索经济区与行政区适度分离改革新路径　打造生物经济新高地》，http://sc.people.com.cn/n2/2023/0407/c407541-40367504.html。

案例三

创新平台打造：国家超高清视频创新中心

一、解决问题

制造业创新中心建设是我国深化落实制造强国战略的重要举措，旨在聚集产业创新资源和创新力量，攻关制造业创新链和供应链的薄弱环节及共性难题，形成以制造业创新中心为核心节点的制造业创新体系，推动制造业向价值链中高端跃升。当前全国各省市聚焦本地科技研发优势领域，积极争创国家制造业创新中心，力争在优势产业领域打造全国创新高地。近年来，成都市聚焦工业大数据、工业云制造、工业信息安全、超高清视频等领域，已陆续创建了9家省级制造业创新中心。超高清视频作为成都特色优势产业，仍存在关键核心技术较为缺乏、应用场景解决方案较少、上下游合作不深等问题。而国家超高清视频创新中心成功创建，一方面实现了四川省国家制造业创新中心零的突破，为其他省级创新中心争创国家级创新平台提供经验借鉴；另一方面集聚了超高清视频产业链上下游高端要素资源，能够为加快突破超高清编解码框架等关键共性技术，实现超高清视频关键设备国产化替代提供重要支撑力量，将助力推动超高清视频产业和关联产业高质量发展。

二、亮点举措

通过省、市、区、企业、专家五方共同努力，2022年11月工信部正式批复同意由四川新视创伟超高清科技有限公司牵头，联合广东博华超高清创新中心有限公司共同组建国家超高清视频创新中心（如图3-3-1所示）。在争创国家级创新中心过程中，成都形成了以下经验措施：

图3-3-1　国家超高清视频创新中心

一是从政府支持层面看，以产业建圈强链为路径打造产业创新生态。成都以产业建圈强链为引领，精准发力超高清视频产业，以技术产业化为切入点，带动超高清视频产业内容端和应用端融合发展，推动中国移动5G产业研究院超高清重点实验室、国家广播电视网工程技术（四川）研究中心等创新资源和创新力量加速在蓉集聚，重点建设中国（成都）超高清创新应用产业基地、超高清视频（四川）制作技术协同中心等多个产业平台，构建适用于不同领域、不同场景的超高清内容生产应用示范，全面打造超高清视频产业新型生态体系，为争创国家超高清视频创新中心提供了发展空间、集聚了创新资源和营造了良好生态环境。

二是从建设主体层面看，以跨区域合作模式实现创新资源互补共享。四川省超高清视频创新中心致力于前端共性技术及设备研发、构建多种协同创新模式，广东博华超高清创新中心在资金、股东单位、重点实验室、AVS国家标准等方面具有优势，且超高清视频终端产业大多聚集广东，两者在超高清视频产业发展方面形成优势互补。基于此，四川省超高清视频创新中心与广东博华超高清创新中心开展战略合作，策划合作开展实验室共享、联合技术攻坚等重点专题项目；同时两家创新中心以相互交叉持股方式，形成资本纽带、加强双方黏性，加速推动双方战略协同与技术合作的快速落地，共同推进全国超高清生态圈建设，为申报国家级制造业创新中心提供有利条件。

三、取得成效

一是攻关突破多项产业关键核心技术。创新中心聚焦于研究和解决超高清产业链前端和上游关键共性技术和产品，目前已拥有多个8K相关自主知识产权产品，获得8项8K超高清相关技术专利，且均被评定为国内领先水平，拥有6项超高清产品软件著作权。其中，国产化8K前端采集模组及整机技术突破，填补了国产8K摄像机系列化的空白，NEO8K摄像机成为具有独立知识产权的国内首个核心器件全国产化8K摄像机；8K超高清智能切画系统填补了国内厂商在一机多信道实时视频切画领域技术探究与生产的空白。

二是实现技术多区域多领域深度应用。创新中心聚焦国防安全、应急救灾、工业制造、医疗健康等领域的场景需求，加快超高清技术成果转化与应用，推动8K城市之眼、全国首个12K超高清多功能影厅、大运会测试赛8K+5G、国家电网阿坝州电力8K超高清双机联动系统应用等多项应用示范工程。创新中心积极参与"百城千屏"全国8K全链路直播实验，联合四川省超高清视频产业联盟、四川电信为"5G新春熙"8K大屏春晚直播提供技术支撑；与峨影集团、索贝数码、广电网络联合开发国内首个4K超高清电影频道播出平台系统，是国内目前运营中唯一的超高清电影播出平台。

三是推动产业链上下游企业交流合作。创新中心整合超高清产业链上下游企业，搭建超高清产业人才交流平台，邀请了中国工程院、中国科学院光电所、中国科学院长春光机所、四川大学华西医院、国家广电总局广播电视规划院、峨影集团、中国电子科技集团新型智慧城市研究院等产学研机构的专家莅临创新中心交流。创新中心与广东省超高清创新中心、山东省超高清创新中心、四川长虹、四川九洲、科来网络、微光集电、赛迪研究院、四川铁投、重庆赛宝技术研究院、浩特、影视硅谷、富视智通等达成战略合作。

| 案例四 |

重大项目合作：高新郫都成都智算中心

一、解决问题

构建全国一体化算力网络成渝国家枢纽节点，是国家"东数西算"战略赋予成都的重要任务。高新区、郫都区和华为联合共建的成都智算中心（以下简称"中心"），包含"一个中心、三平台"。"一个中心"即"国家一体化大数据中心成渝枢纽节点"，定位成渝地区双城经济圈区域级节点。"三平台"包括城市智脑平台、人工智能算力平台、科研创新平台。中心为政府、企业和科研院校提供智能高效的AI算力服务，通过创新"运管+建设"模式，建立"1+4"服务机制，打造全国领先AI算力平台等举措，重点解决了AI算力资源稀缺昂贵，人工智能产业链生态离散、上下游脱节，产学研转化不足等问题，加速成都AI产业化和产业AI化进程，助力成都加快建设国家新一代人工智能创新发展试验区和国家人工智能创新应用先导区，成为"东数西算"国家一体化大数据中心成渝枢纽节点的样板工程。

二、亮点举措

（一）创新"运管+建设"模式，推动项目高效低碳落地

中心由成都高新区、郫都区与华为公司共同建设运营，总投资109亿元。运营管理上，成都高新区与郫都区按照"园区共建、项目共引、利益共享、风险共担"原则，建立了"齐抓共管、高效运转"推进机制，创新"领导小组+执委会"运营

管理模式，建立联席会议、日常调度、问题会商等制度，组建"专业运营、建管一体"合资公司［智算云腾（成都）科技有限公司］负责园区规划建设和运营管理，形成了项目招引到建设的全周期全链条服务。建设方式上，采用集"预制模块化+钢构+土建"三种建设方案于一体的混合建设方式，是国内首个7天内完成65个预制模块化集装箱全部箱体吊装工作的人工智能算力平台项目（如图3-4-1所示）；与传统建设方式相比，建设周期减少50%以上，10年将省电4000万度，相当于降碳1.9万吨[①]。

图3-4-1 成都智算中心建设过程

（二）建立"1+4"服务机制，打造AI产业新生态

华为与智算云腾成立成都昇腾人工智能生态创新中心，依托中心的人工智能算力平台、城市智脑平台和科研创新平台，建立公共算力服务、应用创新孵化、产业聚合发展、科研创新和人才培养四类服务机制。发布昇腾人工智能人才发展加速计划和昇腾科研创新使能计划，吸引汇聚高校、科研院所、企业等组织和机构的开发团队；开展企业交流、初创孵化、技术赋能、人才培训、技术方案对接、产业推广等活动，与高校、科研机构共建实验室、创新联合体，开展人工智能关键技术攻关

---

① 刘小莉：《高新+郫都持续赋能电子信息产业生态，"1+1>2"的聚力效应加速显现》，https://m.thepaper.cn/baijiahao_18360319。

和成果转化,通过建设人工智能创新中心、应用场景吸引企业、技术、人才、资金等高端要素聚集,打造人工智能"产、学、研、用、创"新生态[1],形成"成都创造、成都转化、成都输出"的发展模式。

（三）打造全国领先AI算力平台,形成智慧应用示范标杆

中心首期AI算力达到300PFLOPS,相当于15万台高性能计算机的计算能力,补齐了中西部地区AI算力短板;全面建成后,总算力将不低于1000PFLOPS,成为全国领先的AI算力平台（如图3-4-2所示）。依托中心超强算力,建设智慧蓉城城市云底座,通过"一城一云"的云原生城市建设新范式,统一承载交通、安防、医疗、政府、应急、教育、环保、遥感及互联网等行业应用,汇聚海量数据,通过智能算法对海量数据进行分析计算,驱动数据流通应用,形成面向各个领域、各个场景、各种事件的智慧思考和智能处理能力,使城市治理将更加精细化、智能化。中心基于华为云提供的云原生、AI推理、大数据治理、应用与数据集成平台ROMA、IoT物联网平台、全域感知引擎、医疗智能体EIHealth、交通智能体TrafficGo等能

图3-4-2　成都智算中心

---

[1] 成都智算中心:《成都昇腾人工智能生态创新中心运营年刊》,2023年。

力，已经在智慧城市、制造业、互联网行业、遥感行业、教育行业、交通行业、通信行业、服务行业等多个领域行业取得突破，形成智慧应用示范标杆。

三、取得成效

一是助力人工智能产业建圈强链。中心上线以来，算力占有率持续达到95%+，已签约入驻成都考拉悠然科技、华雁智能科技、成都通甲优博科技、成都四方伟业等多家行业领先企业，累计为近60家企业、40余个高校及研究机构的科研团队提供普惠公共算力服务，与近80家合作伙伴签署《算力服务意向协议》，联合近100家企业完成200余个昇腾生态相关人工智能解决方案，产生的解决方案数量全国第一[①]。此外已签约授牌华西医疗机器人研究院成都智算中心联合实验室、可视化计算与虚拟现实四川省重点实验室成都智算中心联合实验室、AI数字员工产业联合创新体等重点项目获批国家新一代人工智能公共算力创新平台，推动打造成都人工智能产业建圈强链的创新样本。

二是赋能千行百业和智慧蓉城建设。中心上线后，已接入"中国算力网"布局，与其他数据中心项目一道实现算力、数据和生态的汇聚与共享，共同服务支撑国家"数字经济""东数西算"重大战略，服务赋能千行百业。如依托中心的澎湃算力，华雁智科打造变电站远程智能巡视系统解决方案，让图像智能分析性能较原有提高5倍，助力电力数字化转型升级；四川川大智胜推出三维目标识别平台，为煤矿安全管控领域数字化转型升级助力；通甲优博推出智慧公路AR实景监测解决方案，为智慧交通领域数字化转型升级助力。成都智算中心人工智能算力平台成功入选2022年四川省数字化转型优秀案例。

三是助力科研创新提能和技术迭代。目前，中心已联合中国科学院空天信息创新研究院、成都高原气象研究所、成都大熊猫繁育研究基地、电子科技大学、四川大学等多家科研机构及高校进行联合行业解决方案孵化及科研项目合作探讨，如全球首个面向跨模态遥感数据的生成式预训练大模型——"空天·灵眸"、新一代短临气象预报基础模型——"蓉城·夔牛"、首个动物特征识别基础模型——"蓉城·熊猫"、网络安全大模型——"蓉城·白泽"等科研创新大模型，目前，"空天·灵眸"大模型的相关成果已在遥感领域顶级期刊IEEE TGRS上公开发表。

[①] 成都智算中心：《成都昇腾人工智能生态创新中心运营年刊》，2023年。

案例五

产业生态营造：青白江中试产业集群

一、解决问题

随着我国经济发展进入高质量发展阶段，产业驱动力从要素驱动、投资驱动向创新驱动转变，科技成果转化成为区域发展方式转变的关键。成都科教资源丰富，拥有大量高能级创新平台，但科技与产业"两张皮"问题突出，尤其是中试转化平台缺失，创新链与产业链难以实现深度融合，导致产业发展难以摆脱招商引资路径依赖，处于被动发展、跟随发展局面，培育新兴产业、孵化未来产业困难。青白江区作为成都国际铁路港所在地和新型材料产业主要承载地，面临创新机构较少、持续发展动能较弱等问题，为加快推动新旧动能接续转换，青白江区聚焦科技成果转化不足等行业共性问题，提出了建设科技创新、人才培养、小试中试、产业孵化和生产制造全链条中试产业生态体系，培育中试产业集群，打造面向"一带一路"的国际中试产业基地。

二、亮点举措

一是加强政府引导作用，鼓励企业中试平台向产业公共平台转变。成立由区主要领导牵头的"一带一路"中试产业基地建设工作领导小组，初步形成"1+3+3"工作推进体系：制定出台"1"个纲领性文件《关于建设面向"一带一路"的中试产业基地实施意见》；打造"3"个中试服务平台，成立中试产业投资公司、科技成果转化基金和中试产业研究院；强化"3"项政策支持，出台中试平台认定办法、中试项目管理办法和具体支持政策。

二是补齐创新短板,建设中试创新平台。构建"科技创新、人才培养、小试中试、产业孵化、生产制造"全链条的中试产业生态体系,成立"一带一路"中试产业研究院、中试产业投资公司、概念验证等服务平台。围绕新材料、新能源、装备制造三大领域,打造"文澜智谷""欧洲产业城"和"340科创园"三个中试产业示范基地,全面构建"研发—中试—生产"完整产业链。

三是强化关键要素供给,营造中试产业生态。优先保障科技创新、检验检测、孵化转化类项目供地,建成标准化厂房82万平方米。依托在区科研创新团队,组建专业研发队伍。与省生产力促进中心、中规认证等科技服务机构合作,组建专家智库,打造科技服务团。

三、取得成效

经过探索实践,科技成果转化正成为青白江经济发展的重要引擎,招商引资过度依赖正在转变,产业发展逻辑加快从被动式、跟随式发展转向主动式、引领式发展,走出了高质量发展道路的青白江路径。一是大量创新成果导入。与北京科技大学、中国工程物理研究院等50余家高校院所开展合作,"企业需求—高校成果"精准匹配150项,联合航天科工304所设立航天赛博产业技术研究院,储备特种无人机研发制造等待转化科创项目7个。二是实现高端项目落地。新引进总投资470亿元的攀钢高端金属部件中试及制造基地等22个项目成功落地。科创中国会地联合创新中心(如图3-5-1所示)开展MCA阻燃剂等10余项科技成果中试产业化应用,"新型阻燃材料关键技术"荣获国家技术发明奖二等奖。"340科创园"建成1.2万平方米钒钛金属中试基地,成

图3-5-1 科创中国会地联合创新中心

功填补国内高端钛材制备空白。三是实现中试场景供给。打造了低温高效新型分离技术和高分子FBR中试应用场景，为绿色低碳产业发展提供了动力源。依托国家电投、中国重汽链主龙头企业，打造新能源商用车"车电分离"中试应用场景。天马轴承依托自身及其上下游企业的金属材料研发能力，聚焦风电、轨道交通轴承等领域，构建金属装备中试平台，转化运用铁路重载轴承等科技成果50余项。四是实现中试数智化转型。引入华为成都智能制造创新中心、西门子—联晟赋能中心、猪八戒知识产权交易平台等数字赋能项目，打造工业互联网产业示范基地，推动产业化中试成果生产制造向智能制造、智能创造转变。

第四篇
Chapter 4
专题研究篇

我国产业链供应链面临形势、现状问题和对策建议

赛迪研究院　曹茜芮

在大国博弈、产业变革等多因素的影响下,全球供应链格局正在加速重构,同时,国内的资源要素和体制机制等硬约束也亟待突破。在这样的背景下,我国产业链面临较多不安全不稳定的问题,需适时适势调整有关政策,以更好地适应全球产业链供应链的大变局。

一、我国产业链供应链面临的形势

(一)从国际看,全球供应链格局正在进入深度调整新阶段

大国之间对供应链主导权的争夺进入白热化阶段,区域化阵营化竞争手段正取代以往的市场化竞争。近年来,部分发达国家秉持零和博弈和保护主义思维,强行切割基于市场规则建立起来的全球供应链,构建意识形态互认度高、可控性强的供应链"同盟",主要目的是排挤和打压中国。比如,2020年以来,《美墨加协定》通过原产地规则、知识产权、劳工、环境等条款,积极引导跨国公司在北美投资布局,玩具、服装、轮胎、电子等领域大量企业从中国和其他地区转移至墨西哥。2021年美欧成立技术和贸易委员会,专门设立供应链工作组,在半导体、光伏、关键矿物等领域深化供应链合作。2022年以来,美国先后与加拿大、澳大利亚、芬兰等盟友建立"矿产安全伙伴关系"(MSP),组建"矿产群",以此摆脱对华关键

矿产的依赖。后又通过组织"全球供应链弹性峰会"、组建美日澳印供应链联盟、举办"美国—东盟特别峰会"、召开"2022年供应链部长级论坛"等措施，以所谓的"民主"为名强化同盟力量，将供应链从中国转移到美西方可信赖的国家。

新冠疫情的暴发凸显了供应链安全的重要性，本土化多元化布局正取代以往效率优先的全球化布局。过去，在效率优先的原则下，全球化越来越深入，产业分工越来越细，资源配置效率越来越高，全球供应链逐渐形成了环环相扣、紧密耦合的网络体系。新冠疫情暴发后，精细化分工的产业链供应链的安全性和可靠性受到严重冲击，特别是汽车、电子、机械等行业由于供应链长且复杂，普遍出现停工停产现象，凸显了过度追求生产效率带来的供应链脆弱性。因此，安全成为供应链布局时考虑的更为重要的因素。一方面，各国开始通过加大补贴、改善产业生态等方式吸引制造业回流本土，比如，日本启动"供应链改革计划"，拟投资约22亿美元用于支援日企将生产线转回日本国内；另一方面，推动关键供应链多元化成为大多数国家的共同选择，不少跨国公司已开始考虑由多元供应商替代单一供应商，扩大原材料与中间品供应渠道，以分散供应链被"断供"的风险。

数字化、绿色化成为供应链转型的国际共识，智能低碳技术驱动正取代以往的劳动力、土地等要素驱动。长期以来，全球制造业的聚集地都是享有劳动力、土地、资本等传统要素成本优势的地区。但是，随着新一轮科技革命和产业变革的加速演进，数字技术快速崛起并应用，大大改变了传统的生产方式，国际机器人联合会数据显示，2013年至2020年，全球机器人安装量翻了一番；在气候问题这个人类面临的共同挑战面前，供应链绿色低碳转型成为国际共识，全球已有超过120个国家提出到2050年实现"碳中和"的目标和愿景，绿色供应链基本成为硬性要求，一系列变化深刻改变了产业链的组织模式。在这种形势下，数字经济和绿色低碳技术基础好的国家在吸引制造业企业投资布局方面具有更加明显的竞争优势，供应链数字化、智能化、绿色化发展将重塑全球供应链发展形态，全面提升供应链质量效率。

（二）从国内看，资源要素和体制机制等硬约束仍待有效突破

资源要素和环境约束进一步趋紧。过去凭借着体制转轨红利、人口红利、自然资源红利，我国经济迅猛发展，成为世界第一制造业大国。但未来，我国产业链供应链发展面临更加紧缺的资源供给和更加严格的生态红线，要素驱动、规模扩张的传统发展模式越来越难以为继。一方面，人口红利不断衰减。据统计，2010年我国劳动年龄人口占比达到74.5%的峰值，此后下降至2021年的62.5%，考虑到生育率不断下降和人口老龄化的加剧，预计未来一段时间劳动年龄人口占比和数量还将进一步下降。另一方面，资源能源对外依存度持续攀升。我国资源能源利用效率远低于发达国家平均水平，单位GDP能耗是世界平均水平的1.5倍。此外，我国很多地区的生态环境承载能力已经达到或接近上限，水和土壤污染加剧，重大环境事件时有发生。今后，随着碳达峰碳中和目标行动的实施，环境对产业链供应链发展的约束将进一步趋紧。

体制机制障碍仍未有效破除。企业公平竞争机制尚不健全，一些隐性的市场准入限制依然存在。要素价格市场化形成机制不完善，能源、土地、环保等价格不能充分反映市场供求关系和资源稀缺程度。企业税费负担依然较重，金融对制造业的支持力度亟待加强。各地区域性政策制定、执行具有差异性，全国统一大市场暂未有效打通。"部门有界限、行业有壁垒、企业有围墙"的现象突出，产业链上下游协同性不足，对当前在构建产业链生态、推动创新发展和高质量发展方面形成障碍。

二、我国产业链供应链发展的现状和问题

（一）产业链供应链仍处于全球价值链中低端

虽然我国产业链供应链面广、规模大，但长期以来的发展模式较为粗放，能源消耗大，全要素生产率偏低，创新因子少，在全球价值链中仍处于中低端，处在低技术、低附加值环节，国际市场配置资源的地位较弱，在核心技术路线、关键配套环节、重要基础设施、先进技术标准等方面，缺少主导性和控制力，被动参与的多，有话语权的少。根据中国工程院2019年对我国26类有代表性制造业的国际比较分析成果，我国在飞机、航空机载设备及系统、高档数控机床与基础制造装备、机器人、高技术船舶与海洋工程装备、节能汽车、高性能医疗器械、新材料、生物医药等15类重要产业链供应链上与世界制造强国差距很大。

（二）产业链部分环节"卡脖子"威胁短期内较难消除

我国的关键材料、核心零部件、核心技术设备、工业软件等方面长期受制于人的局面没有发生根本性改变。重点产业链关键基础材料、高端专用芯片、智能终端

处理器等对外依存度较高，相当部分的关键材料依赖进口。随着产业链竞争成为国际竞争的制高点，全球围绕关键产业链的核心技术要素已展开激烈争夺，以美西方为代表的不少国家已做出"排华"举措，今后我国产业链被多国联合遏制的风险有可能增加。比如，在我国具有相对优势的领域，美西方可能会重构规则，试图将我国排除在外，同时，帮助一些新兴经济体建立制造业优势，以牵制我国的发展。

（三）部分产能面临被新兴经济体分流的风险

我国在原材料、生产能力、产品性价比等方面积累的优势愈发明显，日益成为美西方国家的忌惮，国际上供应链"去中国化"的呼声渐强。如，纺织、电子产品组装等劳动密集型制造业近年来向东南亚转移趋势已渐露端倪。虽然资本"逐利"是天然现象，中低端制造业不断向人力成本更低、环保要求更宽松、政策优惠力度更大的地区转移是客观规律，但需高度关注由此可能引发的产业链过快外迁和整体外迁。

（四）产业链供应链布局协同性不足

当前，我国产业链供应链尚未形成相互协同、彼此联动、互利共生的合理布局，产业链供应链之间缺乏高效的协同性。一方面，产业链各环节协同性有待提升。如，我国医疗防护物资等产业链存在配套协作难等突出问题，很多防护用品厂商需要通过网络公告、借助地方产业主管部门个人关系等"广撒网"方式寻找配套厂商。另一方面，大中小企业间协同不够。大企业有相对充足资金、创新资源、服务平台甚至制造能力，但是在带动下游中小企业共同发展方面还不充分，中小企业由于缺少创新设施、市场渠道、信息服务等，无法匹配大企业需求，形成了大中小企业之间的资源、能力错配矛盾。

三、有关措施建议

加大对"卡脖子"技术的攻关力度。坚持自主创新，以全球视野用好国际创新资源，建立完善的核心技术产业生态。针对关键零部件、基础材料、基础软件等工业基础领域，通过应用牵引、整机带动，不断提高产品质量、性能和可靠性；针对高端医疗器械、航空发动机、芯片等高端产业领域，梳理被"卡脖子"的产品目录，着力加强关键核心技术攻关，增强自主可控能力；通过前瞻性布局、基础科学突破，集中优势资源做大做强一批长板技术，持续"拉长板"。

构建大中小企业融合发展生态。深化关于培育产业链龙头骨干企业的政策措施，鼓励大企业通过牵头承担国家重大工程项目等方式提升自身能力，着力培育一批在关键核心技术、知识产权、品牌影响力、市场占有率等方面具有显著优势的生态主导型企业，增强企业的全产业链整合能力，提高在全球产业链价值链中的话语权。推动生态主导型企业和上下游中小企业构建协同创新联合体和稳定配套联合体，形成以生态主导型企业为中心、大中小企业融通发展的产业生态体系。大力发挥生态主导型企业的引领作用，支持其开拓国际市场，提高市场占有率，在部分关键领域形成以我国为主的产业生态。

促进产业链整体高端化、数字化、绿色化升级。加强核心基础零部件（元器件）、关键基础材料、先进基础工艺和产业技术基础等产业基础能力建设，筑牢产业链高端化升级的"底板"。充分发挥我国积累的海量生产和消费数据优势，构建数字要素交易机制和数字资产体系，开发面向不同产业链以及产业链不同环节的高效智能化解决方案，赋能全产业链的数字化转型。明确制造业领域技术减排、结构减排和制度减排的举措，开展全产业链低碳转型试点示范，完善相关规则和标准体系，以"链"带"面"加速制造业整体绿色化升级步伐。

多措并举防范产业链外迁。从国际经验看，随着要素成本持续攀升和产业升级的不断加快，部分企业外迁是产业发展的基本规律。目前，我国尚未发生产业链成规模集中外迁的现象，但随着全球产业链供应链发展格局的演变，产业链外迁风险将持续上升。我国宜采取分业施策的思路，积极防范和化解产业链外迁风险。针对成本敏感型企业，应研究制定特殊政策，支持其向中西部地区梯度转移；针对海外市场拓展型企业，应支持其国际化发展，将产业链核心环节留在国内。还要加强对制造业成本上升的监测评估，研究进一步降低企业税费负担的举措，着力改善区域工业物流条件，盘活土地等要素供给，推广智能制造等生产方式，多措并举缓解企业成本上升过快的压力。

努力提升产业链供应链国际话语权和影响力。积极推动多边与双边合作深入发展。坚定维护世贸组织规则，稳步推动降关税、降壁垒、降补贴，巩固提升我国制造业在全球产业链体系中的地位。顺应全球产业链供应链布局多元化区域化趋势，以"一带一路"建设为引领，抓住《区域全面经济伙伴关系协定》（RCEP）实施机遇，鼓励企业进一步走出去，围绕我国具有优势的制造业领域，加强国际产能和产业链安全合作。

对先进制造业集群培育的认识和发展思路建议

中国信息通信研究院信息化与工业化融合研究所　李媛恒　裴　宇

党的十九大报告明确提出"要促进我国产业迈向全球价值链中高端，培育若干世界级先进制造业集群"，党的二十大报告再次强调"推动战略性新兴产业融合集群发展、打造具有国际竞争力的数字产业集群"，国家高度重视先进制造业集群建设与发展。培育和打造先进制造业集群已经成为我国建设现代化产业体系、形成国际竞争新优势的重要途径，对于维护产业链供应链安全稳定、畅通制造业国内国际双循环具有重要意义。本文首先阐述了先进制造业集群的基本内涵，进而指出当前我国先进制造业集群存在的主要问题，并提出针对性对策建议。

一、先进制造业集群的基本内涵

当前国际政治经济环境日趋复杂，全球贸易保护主义"抬头"，全球价值链重构加快。新一轮科技革命和产业变革带来的新陈代谢和激烈竞争前所未有，全球化发展至今，正面临着新一轮的不确定性。我国面临的区域经济发展新形势，赋予了我国制造业集群发展的新要求和新内涵。

（一）拉动地区经济增长的重要引擎

当前全国稳住经济大盘的发展新形势要求先进制造业集群能够带动区域经济稳步提升。先进制造业集群实际上是把产业发展与区域经济，通过分工专业化与交易的便利性，有效地结合起来，从而形成一种有效的生产组织方式，是推动地方区域经济增长的重要方式。一是能够提高区域生产效率。大中小企业集聚发展，能够有效降低生产成本、交通成本等，促进主体间分工协作，增强企业根植性。二是能够发挥经济聚集效应。集群原有企业规模扩大以及新企业不断进入，集群整体规模将不断扩大，能够有效发挥外部规模经济和范围经济作用。三是能够促进新企业快速衍生与成长。集群内部大量研发服务机构以及专业人才不断汇聚发展，将促进专业技能技术成熟进步，促进衍生产业兴起和发展，提供更多发展机会。

（二）催生群体式技术创新的关键载体

先进制造业集群有助于形成由企业、科研机构、创新环境（如科技中介服务、体制机制和政策环境、文化氛围等）等核心要素组成的创新网络，打造优质协同创新生态，促进群体式技术突破。一是技术交流推动持续创新。集群内部企业、高校、科研院所、新型创新组织等主体活跃，能够掌握某一领域关键核心技术，主体间的相互交流将推动技术广泛传播，增强整体持续创新能力。二是有利于形成协同创新机制。产业集群网状协作、专业分工的基本特征，可促进形成良好的产学研协同创新和产业链上下游协同创新机制。三是便于创新环境要素功能发挥。优良的科技中介服务水平可满足集群创新需求，易于形成宽容、开放、信任的创新文化氛围。

（三）提高区域产业黏性的有效手段

先进制造业集群是产业链供应链的超级节点，这种节点特有的网状协作、区域根植、弹性专精等性质能够加强制造业的区域黏性，增强企业对集群所在区域的依赖程度，以抵御制造业外迁风险。一是集群具有产业黏性。产业黏性依附于行业特有的市场结构，主要影响因素包括供应商议价的实力、新进入者的威胁、替代品或服务的威胁等。二是集群具有地理黏性。地理黏性来源于集群本身自然条件和要素禀赋、人文习俗和非正式关系、劳动力与供应商资源等。三是集群具有组织黏性。组织黏性来源于产业组织间合作，主体合作易于形成特定技能以及集体间合作形成的集体技能等。

（四）锻造产业韧性的重要组织形式

国内外复杂发展环境和形势给我国制造业发展带来一定的风险冲击。产业集群作为独特的经济组织形式，是特定区域内地理集中、有交互关联性的各类企业与机构组成的网络体系。先进制造业集群具有抵御风险冲击的韧性，即集群因内部网络结构特征而产生的应对风险冲击的能力。一是具有对风险的吸收和适应能力。集群主体专业分工和竞争合作，能够促进信息知识传播和技术转移扩散，营造创新氛围，促进技术进步，提高集群产业链各环节发展质量，增强对风险的吸收和适应能力。二是具有遭受冲击后的恢复更新能力。随着内部企业受到冲击，部分企业将退出集群，而剩余企业往往产业实力和创新能力较强，可促进集群网络恢复更新。

（五）畅通国内国际双循环的战略节点

先进制造业集群是一个根植于地方特色，具有强大组织包容性的开放系统，注重产业发展与区域功能互动共生，可实现区域融合发展，这对畅通制造业国内国际双循环具有重要意义。一是畅通区域产业内循环。先进制造业集群使得主导产业及其配套产业相关环节在区域范围内高度聚集，激发群体式协同创新，增强柔性化制造能力，促进研发、生产、制造、销售等环节在区域内的循环畅通，实现区域内部产业有序循环。二是推动内部循环与国际循环高效衔接。集群化发展能够有效促进先进制造业跨域协同发展，通过不同集群间的互动合作，实现国内产业高效循环。同时，先进制造业集群凭借有针对性的高质量"引进来"和高水平"走出去"，强化全球背景下的产业水平分工和垂直整合，实现内部循环与国际循环的高效衔接。

二、我国先进制造业集群存在的主要问题

（一）部分集群主体融合共生能力依然不高

我国先进制造业集群建设经验依然不足，地方政府大多以"大而全"的思想指导本地区产业集群建设发展，由此导致各地区产业集群主体关联性较弱，产业结构同构性强，集而不群现象明显。一是集群企业之间尚未形成良好的共融共生发展态势。例如，某些集群等更多地体现为同类企业横向集聚，在产业定位、产业布局和招商时并没有注重产业之间的联系，龙头企业与中小企业协同发展的良好生态尚未

形成。二是促进组织"织网人"功能尚未完全发挥。促进组织建设经验依然欠缺，在技术研发、法律支撑、信息交流、管理经验、产品推广等方面的支撑力不足，集群发展受到阻碍。

（二）集群内部创新资源整合能力有待提升

我国先进制造业集群内部科技创新资源快速集聚，产业链合作机制、产学研协同创新机制逐步完善，由企业、科研机构、创新环境等核心要素组成的科技支撑体系已经显现。例如，长沙市工程机械产业集群已形成良好的上下游协同创新关系，突出产学研合作，与清华大学、中国科学院等科研院所建立了协同创新机制。但我国一些先进制造业集群在协同创新方面仍然存在如下问题：一是创新主体之间缺乏长期稳定的合作机制和合作氛围；二是技术原创性较差，创新成果转化能力稍显不足，集群对自身高新技术研究与开发的支持力度不够；三是创新载体功能亟待发挥，尚未成为重要技术突破来源和科技创新始发性资源。

（三）完善高效集群发展机制有待丰富完善

我国制造业集群培育发展的顶层设计逐步完善，集群政策的科学性、有效性日趋规范，地方培育发展先进制造业集群的实践取得显著成效，逐步形成了"国家级—省级—市级"集群的梯次培育体系，但集群发展机制有待进一步提升完善。一是集群治理经验不足。集群政策制定存在路径依赖，过度依赖土地经营和优惠措施，导致集群发展中普遍存在用地浪费、产业缺乏特色、专业化生产性服务业欠缺、无法形成有效的招商引资氛围等问题。二是地区共建集群的协调性较低。目前国内已涌现出很多跨区域由多个城市联合共建的先进制造业集群，能够发挥出更高能级的资源配置效率和集群网络效应，但由于地市间缺乏良性政策互动机制，"分而治之"往往导致产业同构增强，协同力匹配度稍显不足。

三、促进国家级先进制造业集群发展的对策建议

（一）打造集群合作网络，推动主体融合发展

一是加强龙头企业培育，发挥示范带动作用。引导社会资源和配套企业向龙头企业集聚，探索实施集群领航企业培育工程，加快培育一批具有产业链整合力、行

业号召力、国际影响力的世界级企业,加快构建龙头引领、梯队协同、链群互动的产业集群发展格局。二是强化强链补链畅链,推动企业紧密合作。精准定位产业集群主导产业,围绕集群重点产业链和产业链关键环节,打造一批冠军企业和专精特新"小巨人"企业,加强优质中小企业梯度培育,推动集群产业链强链补链固链畅链,促进大中小微企业协同发展和紧密合作。三是完善促进组织建设,提升集群运行效率。鼓励各个集群以促进组织服务功能建设为导向,因地制宜培育发展符合集群实际和产业特征的促进组织,引导促进组织在技术研发、招商引资、专业培训、活动交流、品牌宣传等方面做贡献,充分发挥集群"织网人"作用。

(二)加强集群协同创新,实现科技自立自强

一是促进创新要素流动,加快技术创新外溢。建立健全不同地区产业集群创新要素战略合作和自由流动体制机制,加快打破科技创新要素跨区域跨集群自由流动与科技创新资源跨域配置的障碍壁垒,推动科技创新资源在不同集群中畅通流动,发挥不同集群比较优势,以进一步提高集群创新效率,加快技术创新外溢。二是加快产业技术攻关,推动创新成果转化。扎实推进创新攻关"揭榜挂帅"制度,加强应用基础技术、关键核心技术、关键共性技术攻关,着力突破行业发展技术瓶颈,提高集群科技自立自强水平。推动集群创新链产业链深度融合,促进新技术产业化、规模化应用,提升技术创新成果持续供给能力。三是加快创新载体建设,推动产学研用合作。加快建设若干具有全球影响力的综合性国家科学中心、国家实验室、新型产业技术研究院等创新载体,探索建立跨区域产业技术联盟、共性技术研发平台和技术公共服务平台,完善集群科技创新体系,加快政产学研金服用深度融合,推动打造优质、高效、协同集群创新生态。

(三)优化集群培育环境,塑造优质产业生态

一是创新"双招双引"方式,优化营商环境。增强"双招双引"的针对性和实效性,积极探索龙头企业招商、飞地招商等新模式,充分利用直播、"云招商"、"云展会"等线上平台开展招商推介、产业对接、项目洽谈等专题招商,围绕建链延链补链开展定向招商、专业招商,不断优化营商环境,为集群企业做好信息报送、强化沟通等服务。二是打造特色产业平台,强化集群发展支撑。建立健全集群主体合作机制,重点打造一批特色产业平台,支撑集群企业协同高效发展。成立

集群产业发展引导基金，撬动社会投资，探索集群地域内的国有资本引领产业发展的"产投模式"。搭建集群特色产业交易平台，完善集群要素流动机制，推动集群产业链供应链上下游高效融合发展。三是完善新型基础设施建设，推动集群数字化转型。大力推动集群5G基站、大数据中心、人工智能、工业互联网等新型基础设施建设，结合5G、云计算、大数据等新技术，建设一批跨地域、跨行业的工业互联网公共服务平台，推动数字化与实体经济深度融合，提升集群行业整体数字化水平。

（四）深化集群跨域协作，促进资源优化配置

一是构建跨域推进工作机制。在省级或更高一级层面构建跨区域合作的先进制造业集群培育协调机构，为各市联合培育建设的先进制造业集群提供服务协调、沟通联系平台，促进不同地域集群主体间的信息共享、互利合作。二是推动特色产业协同发展。建立健全相同或不同先进制造业集群内部主导产业、上下游配套产业和生产性服务业间的协同发展体制机制，推动不同地区不同行业企业以集聚集群的方式进行资源对接、要素整合，形成弹性专精、共建共赢的发展合力。三是建立跨域产业合作联盟。打破区域行政壁垒的限制，结合不同集群特色和发展优势，推动组建跨省市产业技术创新战略联盟、跨省市产业战略合作联盟等跨域产业合作联盟，促进相关企业跨域合作，推动相关产业协同高效发展。

建圈强链营造成都未来产业发展生态

四川省社会科学院　盛　毅

未来产业是以颠覆性技术为支撑开发的先导性产业,是国家决胜未来全球竞争的关键产业。当前,尽管以人工智能、机器人技术、量子信息、虚拟现实、清洁能源以及生物技术为代表的未来产业,尚处于萌芽和孵化阶段,但它必将带来全球产业布局乃至经济格局的革命性变化,成为需要抢抓的战略制高点。为抢抓新一轮科技革命和产业变革带来的机遇,"十四五"规划明确要前瞻性谋划未来产业,在类脑智能、量子信息、基因技术、未来网络、深海空天开发、氢能与储能等前沿科技领域,组织实施孵化计划,谋划布局一批未来产业。成都建圈强链锁定的产业方向、建设的生态系统、集聚的关键要素,正是多维度谋划培育未来产业发展需要的土壤。

一、建圈强链将催生多个未来产业领域

目前,虽然各国圈定的未来产业范围不完全一致,与战略性新兴产业很难显著区分,但从技术成熟度、未来影响力等角度看,它代表着未来产业发展方向,能够引领现有产业迈上新台阶。从发达国家圈定的产业范围看,主要集中在人工智能、生命健康、基因技术、绿色低碳、新兴制造等领域,重点是智能、低碳、健康3个方面。在这些领域,美国是率先发力并走在世界前列,欧盟在较多领域中已经占据领先地位,日本、韩国等也结合自身产业基础积极抢占部分领域的制高点(如表1所示)。

表1 部分发达国家未来产业发展部署

地区	报告/法案	重点领域
美国	《美国主导未来产业》《无尽前沿法案》《美国国家科学基金会（NSF）未来法案》等	人工智能、先进制造、量子信息和新一代无线通信、先进能源技术、生物技术、超算、空天科技等
欧盟	《欧洲新工业战略》《德国高科技战略2025》《德国国家产业规划2030》《产业战略：建立适应未来的英国》《法国未来投资计划》等	机器人技术、微电子技术、高性能计算和数据云基础设施、区块链、量子技术、光子学、工业生物技术、生物医学、纳米技术、制药、先进材料和技术
日本	《科技创新基本计划》《未来投资战略》《新产业结构图》	量子技术、人工智能、生命健康、生物材料、自动驾驶汽车、超算、数据存储、尖端材料制造、功能食品、个性化医疗药品
韩国	《制造业复兴发展战略蓝图》《政府中长期研发投入战略（2019—2023年）》等	人工智能、大数据、信息安全、食品、计算机、生物医疗等

根据周波等《世界主要国家未来产业发展部署与启示》一文整理（中国科学院院刊2021年系11期）

为落实"十四五"规划关于未来产业发展部署，下好产业培育"先手棋"，国家有关部门已经确定了一批未来产业科技园建设试点，明确了重点发展领域和应用场景，吹响了发展未来产业进军号。尽管这些试点产业园的未来产业范围还在谋划中，但大的方向已经明确。工信部将聚焦5G、人工智能、生物制造、工业互联网、智能网联汽车、绿色低碳等重点领域，加快布局人形机器人、元宇宙、量子科技等前沿领域，全面推进6G技术研发，前瞻布局未来产业。为此，工信部将研究制订未来产业发展行动计划，扩大国家制造业创新中心在新兴产业领域的建设布局，不断丰富和拓展新的应用场景，实施"机器人+"应用行动，推动物联网产业规模化、集约化发展，加快新体系电池、汽车芯片、车用操作系统等技术攻关和产业化应用，鼓励地方先行先试等措施。部分城市和省份，也根据"十四五"规划和国家有关部门确定的试点方向，率先提出要培育发展未来产业，而且围绕未来产业发展提出了政策措施，形成你追我赶的局面（如表2所示）。

表2 国内部分地区的未来产业布局

城市	产业类型	政策措施
上海	未来健康、未来智能、未来能源、未来空间、未来材料	出台行动方案和计划，制定了政府补贴、税收减免等政策
深圳	合成生物、区域链、细胞与基因、空天技术、脑科学与类脑智能、深地深海、可见光通信与光计算、量子信息	实施五大工程，构建应用场景，增强与战略性新兴产业的相互衔接、相互融合，谋划未来产业发展先机和新赛道
南京	新一代人工智能、第三代半导体、基因与细胞、元宇宙、未来网络与先进通信、储能与氢能	加快发展未来产业六大专项行动计划，在市工业和信息化局设立全国首个未来产业职能机构
广州	量子科技、区块链、太赫兹、天然气水合物、纳米科技	联合高校和科研院所，建设科研平台，攻克关键核心技术，进行成果转化，打造成为全球重要的未来产业策源地
北京	量子信息、新材料、人工智能、卫星互联网、机器人	建立重大项目落地统筹协调机制，负责研究重大产业政策、审定重大项目方案、协调重大项目落地。建立项目库并实行集中管理
浙江	优先发展未来网络、元宇宙、空天信息、仿生机器人、合成生物、未来医疗、氢能与储能、前沿新材料、柔性电子，探索发展量子信息、脑科学与类脑智能、深地深海、可控核聚变及核技术应用、低成本碳捕集利用与封存、智能仿生与超材料等	强化以国家实验室、全国重点实验室为龙头的新型实验室体系建设，联动推进科创廊建设，积极争创杭州综合性国家科学中心。建立健全技术（产业或制造业）创新中心体系，建设面向未来产业的新型研发机构，培育一批未来产业技术研究院
山西	未来数字、未来材料、未来能源、未来装备、未来生活	构建主导性、先导性、颠覆性、前瞻性等4层培育体系，着力形成"5+4"未来产业发展矩阵，率先将山西建成未来产业创新发展的先行区、示范区和引领区
河北	区块链、太赫兹、智能传感器、量子通信、类脑智能、基因技术、未来网络、氢能与储能	加快构建以雄安新区为引领，中国·京南国家科技成果转移转化示范区及省级以上开发区多点支撑的未来产业发展布局
安徽	量子科技、生物制造、先进核能、分布式能源、类脑科学、质子医疗装备	充分发挥综合性国家科学中心、大科学设施等平台作用，探索建立合肥高新区未来产业园等未来产业园区，面向未来产业加大人才引进和培养力度，实施未来产业重大专项

根据有关资料整理

从产业演进规律看，无论是传统产业的转型升级还是未来产业的培育发展，都把发展经济的着力点放在实体经济上，制造业主导地位不能动摇；都离不开产业基础能力提升。基础材料、核心零部件、基础工艺、通用技术等仍然是未来产业成长的根本依托。打好产业基础高级化和产业链现代化攻坚战，不断增强与战略性新兴产业的相互衔接、相互融合的过程，就是推动未来产业发展的过程。

建圈强链圈定的产业链，是以先进制造业为主体，以产业基础能力提升为支撑，推动产业向中高端攀升。通过加速新兴技术与传统产业的融合，也能形成未来产业领域。5G通信、人工智能和大数据等新兴技术在传统产业中的快速和广泛应用，可使传统产业产生变革并有望形成未来产业。而建圈强链确定的集成电路、新型显示、高端软件、创新药、高端医疗器械、航空发动机、工业无人机、新型材料、大数据产业、人工智能、绿色低碳产业等重点产业，有的是有未来产业的基因，有的就是未来产业本身，有的可能是平移，有的可能是融合创新，同样主要集中在智能、低碳、健康3个方面。它们可以与未来产业中的人工智能、合成生物、尖端制造、新一代无线通信、先进能源技术、生物技术、超算、空天科技、新型轨道交通、绿色低碳等领域直接对接。推动这些产业链向高端环节延伸，持续推动产业基础高级化和产业链现代化，通过研发前沿技术和开发新产品，将形成多个未来产业领域。发达地区确定的未来产业领域大多根据已经形成的战略性新兴产业优势来选择。

二、建圈强链将加快培育未来产业发展生态

从发达国家和国内先进地区实践来看，依托高校和科研院所优势学科，探索"学科+产业"的创新模式，谋划和抢占未来产业发展先机和新赛道；打好产业基础高级化和产业链现代化攻坚战，不断增强与战略性新兴产业的相互衔接、相互融合；建设一批重大科技基础设施，建设面向未来产业的新型研发机构，推动基础理论发现和原始创新等，是发展未来产业必须具有的生态（如表3所示）。《科技部 教育部关于批复未来产业科技园建设试点的函》提出了三方面要求：一是要促进高水平研究型大学与地方政府（或国家高新区）和科技领军企业的协同，依托高校优势学科和国家大学科技园，把引进和培养科技领军人才和创新团队作为重要任务；二是要提升科技成果转化和孵化专业化能力，构建未来产业应用场景，加快集聚人才、技术、资金、数据等创新要素，孵化一批具有未来产业特征的高成长性

科技型中小企业；三是要进一步深化相关体制机制改革，建立各主体共商共建共有的机制，积极探索多学科交叉融合，从基础研究、技术开发到成果转化与孵化的融合创新体制机制。其中特别提到要把构建未来产业创新创业生态作为科技园建设的核心。

表3 建圈强链营造的产业生态与未来产业营造的产业生态对比

建圈强链要营造的生态	未来产业要营造的生态	两者的异同
生产要素配套要完善，部分产业要素配置水平要高	生产要素既要配套完善，更依赖高端要素和高效协同	后者更多靠科技、数据、高端人才
产业园区是主要载体，产业链构建是重点	科技园是主要载体，创新功能是重点	后者对园区科技创新功能要求更高
需要产学研协同和政府支持，产业作为主体	需要产学研协同和政府支持，高校科研成为主体	后者偏重研发主体的作用
建立完善的体制机制作为保障，对科技创新的制度有创新	需要创新的体制机制，对多学科交叉融合有特殊制度安排	对高水平科研机构和政府的依赖性更强

成都建圈强链要构建的生态，与未来产业发展需要是相同的，差异在构成发展生态的各种要素和配套标准更高，也不排除会有一些特殊需求。首先，建圈强链行动突出更高水平的配套。虽然工作方案重点围绕发展壮大战略性新兴产业推进，但对所涉及的物力、人力、财力、平台等配套，强调要更多依靠数据、信息、技术等新型生产要素，促进数字技术与制造业融合发展，这些需求与未来产业需求基本一致。如《成都市新基建助力产业"建圈强链"新场景新产品清单》发布了新型基础设施、绿色低碳发展设施、生产性基础设施等188个新场景和222个新产品，这些项目的建成正是未来产业发展需要的。第二，建圈强链行动突出龙头企业带动。工作方案强调要培育链主及龙头企业，使其成为主引擎，推动"链主+配套"协同发展。尤其是要进一步提升这类企业在产业链中的整合能力、对供应链的带动能力等，与未来产业对龙头企业需要一致。第三，建圈强链行动突出生态建设的系统性。工作方案提出"链主企业+领军人才+产业基金+中介机构+公共平台"模式，招商要围绕重点产业链上下游、左右岸进行，使产业生态建设全面系统推进，也与未来产业对生态要求的系统性一致。

三、建圈强链推动未来产业创新能力形成

未来产业依赖前沿技术，依赖高水平科研机构，需要政府、园区、高校协同推进，与一般产业发展和链条打造有明显区别。深圳将战略性新兴产业分阶段推进，其中对未来有望成长为战略性新兴产业的领域，更加注重前沿技术研究和技术应用，对于一些重大科学问题研究和前沿技术研发，不少还需要从基础研究做起，这实际上是为了培育未来产业。从科技部和教育部确定的未来产业科技园建设试点及培育名单（如表4所示），可以更清楚地看到这些差异，即参与主体以大学为主，政府和园区作为推动者和基础设施、政策配套的提供者，起着特殊的保障作用。产业发展的细分领域，则要通过不断研发才能定型。

表4 未来产业科技园建设试点及培育名单

序号	名称	建设单位	推荐单位
未来产业科技园建设试点			
1	空天科技未来产业科技园	北京航空航天大学、中关村科学城管理委员会、沙河高教园区管理委员会	北京市人民政府
2	国防与信息安全未来产业科技园	北京理工大学、北京市房山区良乡大学城管理委员会、中关村科学城管理委员会	
3	未来能源与智能机器人未来产业科技园	上海交通大学、上海市闵行区人民政府、宁德时代未来能源（上海）研究院有限公司	上海市人民政府
4	自主智能未来产业科技园	同济大学、上海市杨浦区人民政府、上海市嘉定区人民政府	
5	未来网络未来产业科技园	东南大学、南京江宁经济技术开发区管理委员会	江苏省人民政府
6	光电与医疗装备未来产业科技园	华中科技大学、武汉东湖新技术开发区	湖北省人民政府
7	生物医药与新型移动出行未来产业科技园	中山大学、广州市人民政府、广州汽车集团股份有限公司、广州医药集团有限公司	广东省人民政府
8	未来轨道交通未来产业科技园	西南交通大学、成都市人民政府	四川省人民政府

续表

序号	名称	建设单位	推荐单位
9	空天动力未来产业科技园	西北工业大学、西安市人民政府、陕西空天动力研究院有限公司	陕西省人民政府
10	航天高端装备未来产业科技园	哈尔滨工业大学、哈尔滨市人民政府、哈尔滨高新区、哈尔滨电气集团	黑龙江省人民政府
未来产业科技园建设试点培育			
11	量子信息未来产业科技园	中国科学技术大学、合肥国家高新技术产业开发区	安徽省人民政府

资料来自科技部网站

  建圈强链坚持创新是第一动力，紧密围绕产业链部署创新链，着眼产业高端化、智能化、绿色化的转型需求，从重视技术创新到同时重视技术创新、研发模式、生产方式、业务模式和组织结构的革新，使创新链依托产业链供应链落地生根，创新链支撑产业链供应链优化升级。同时结合产业发展需要，建设一批重大科技基础设施和科研机构，构建小试中试、孵化器、加速器等平台，建立"技术—产业—资本"密切关联创新机制，相应把支持新型科创平台建设，鼓励企业与高校院所建立产权纽带作为主要任务。并且对成功创建国家产业创新中心、国家制造业创新中心、国家技术创新中心、国家工程研究中心的，给予资金和政策支持。尤其是建立成都科学城"一核四区"创新体系，依托天府实验室等探索跨区域"创新策源+成果转化"协同创新机制，支持平台取得的科技成果向产业链转移转化支持政策等，将使科技创新能力得到显著提升，形成多个先进科技成果与产业发展联动的新机制，这也是未来产业要努力营造的科技创新生态。美国2019年提出发展未来产业相关新兴技术，在2021年的《美国就业计划》《无尽前沿法案》和《美国国家科学基金会（NSF）未来法案》中，不仅提出发展未来产业相关技术，而且提出要新设立一个机构发展未来产业。这一机构不仅要负责研发，而且要打造未来产业新型研发模式、管理结构和运营机制等。这些要求与建圈强链的方向（建设新型研发机构，强化政产学研协同，建立科技成果转化基金，吸引创投机构、社会资本建立子基金，推动各类原创成果本地转化和产业化等措施，加速推动科技创新机构向前沿领域聚集，培育未来产业需要的科技创新生态）基本一致。

四、建圈强链将构建未来产业生长环境

成都作为超大型城市，产业生态和产业链打造必须走在前列，因此应主动积极按照"十四五"规划和工信部、科技部、教育部关于未来产业发展部署，着力政策环境打造，以汇聚资源要素，加强部门协调，尽快形成未来产业发展的政策环境。

一是借助高新技术产业链打造，在现有重点产业链打造中，选择有未来产业基因的技术研发体系、新产品试制设施、集聚平台等，适度超前布局一批前沿性、引领性突出，技术、市场、产业链有待成熟的产业。制定未来产业规划和行动方案，加大对未来产业指导力度，推动建立相应工作机制。建立项目库，滚动实施一批年度重点项目。对成熟度高、引领性强的项目，优先列入重点建设项目清单，鼓励各类资本投资，在用地、用能、财政补助等方面建立"绿色通道"。

二是借助建圈强链行动培育新兴产业的基础，加强关键核心技术攻关，全面激发企业创新活力，促进创新链产业链资金链人才链深度融合。特别是聚焦有优势的光电信息、生命科学、空气动力、农业化学、反应堆物理和核动力等领域，加快推进基础性研发国家级重点实验室、重大科技装置、领先学科体系和人才培育体系等建设；聚焦无人驾驶、下一代轨道交通、脑科学、数字药物、航空航天、纳米制造等领域，建设一批科技转化、小试中试和示范应用设施，促进科技成果转化孵化。

三是在培育的独角兽企业中，选择一批掌握关键资源和核心能力，有可能在未来产业领域成为"链主"的企业，围绕其建设产业创新中心、技术创新中心、工程研究中心等创新平台和综合性检验检测平台，在成都未来产业发展重点领域培育具备国际化视野的链主企业，推出一批专精特新企业，塑造大中小企业和上下游企业协同共生、韧性强劲的产业体系，着力形成开放包容、层级丰富、充满活力的未来产业生态系统。

四是借助建圈强链打造生态系统，选择社会治理系统、精准医疗系统、智慧交通系统、低碳能源系统、智能校区园区和社区系统等为对象，建设各种应用场景以刺激需求。持续实施"十百千"场景示范工程，建设具有综合影响力的城市场景创新发展集聚区和示范点等。

深入认识和把握产业链的特点和规律，以"1+5"模式推进产业建圈强链

西南交通大学区域经济与城市管理研究中心 戴 宾

产业建圈强链是成都加快构建竞争优势突出的现代产业体系的重要途径。链式发展是产业发展的重要特点，推进产业建圈强链需要深入认识和把握产业链的特点和形成发展规律。

一、产业链特点和规律

一般而言，产业链是指在分工条件下企业之间基于技术经济联系客观形成的链条式关联的产业形态。它是一种基于分工经济的产业组织形态，是产品生产过程中各个加工制造环节的分工合作关系，因而也可称为加工制造链。产业关联是形成产业链的必要条件，技术经济联系是产业链形成的基础。产业链从形态上表现为纵向上下连接、环环相扣的链式关系，这种链条式的关联关系在制造业中体现得尤为明显突出，在服务业中也有一定的体现，但服务业的业态和服务活动之间更多的是一种复合集聚关系。

产业链从多个角度反映和揭示了产品生产过程中各个加工制造环节以及企业之间的关联关系。一是反映和揭示了产品加工制造过程中企业之间的上下游逻辑关系，由此引申出上游企业与下游企业、上游产业与下游产业的概念。二是反映和揭示了该产业对资源加工的深度和复杂程度。产业链条愈长表明对资源加工可以达到的程度愈深，产品加工制造过程中分工组织的复杂程度愈高。产业链长短所反映的资源加工深度也体现了不同生产环节的产品属性，即初级产品、中间产品和最终产

品。三是反映和揭示了企业之间的关联程度。产业链是企业关联程度的表达，这种关联程度通过技术的紧密程度、供需的紧密程度、企业之间组织联系紧密程度以及空间联系程度反映出来。例如，产业链中企业之间的技术关系性愈强，可替代性愈低，产业链及其企业之间的链接愈紧。四是反映和揭示了产业的控制性。处于产业链重要环节或拥有关键核心技术的企业对整体产业活动具有影响力和掌控力。

产业链所反映的产品加工制造过程同时也是产品价值的增值过程。产业链的每一个加工制造环节都有新的劳动价值的凝结，都是对上一环节的价值叠加。因此，产业链同时也具有价值链的形态特征，只是不同加工制造环节的价值叠加程度大小不同，价值叠加大的环节即是价值链的高端。从价值链角度来看，高水平的产业链表现为一国或地区占据价值链的高端，产业链的经济效益好。

产业链所反映的产品加工制造过程同时也是企业之间的产品供给过程。从原材料开始，到制成中间产品以及最终产品，企业之间形成了链条式的供给关系，因此产业链同时也具有供应链的形态特征。从供应链角度来看，高水平的产业链体现为一国或地区的产品加工制造过程中，企业之间的产品供应数量能够得到保障，产品质量好、价格合理且物流链畅通、供货稳定及时，产业链供应稳定可靠。

产业链所反映的产品加工制造过程同时也是联动的技术创新过程。产业链的技术创新既是各个加工制造环节的技术创新，更是各个加工制造环节的联动创新，是产业链的整体技术创新。在产业链中，某一加工制造环节的技术创新必然沿着产业链的方向引发和带动上下游环节连锁式的技术创新，因此产业链同时也是具有创新链的形态特征。从创新链角度来看，高水平的产业链体现为一国或地区的产业形成技术创新的链式反应，由产业链一个加工制造环节的技术创新引发产业链的协同创新，推动产业链的整体创新。

产业链所反映的产品加制造过程同时也是企业关系的组织过程。产业链上下游企业之间产品的供需关系使其相互之间形成市场交易关系，这种市场交易关系受供求、价格、竞争等因素的影响并不稳固，从而使得企业之间需要通过建立战略联盟形成准市场的契约关系，甚至通过参股、控股、收购等方式形成资本关系，以巩固彼此间的供需关系，因此产业链同时也具有企业链的形态特征。从企业链的角度来看，高水平的产业链体现为上下游企业之间形成的长期稳定、低交易成本的市场交易关系，特别是形成产权关联式关系和准市场式关系，以加工制造链为基础形成新的产业组织形式。

产业链所反映的产品加工制造过程同时也是企业之间的空间连接过程。产业链上的企业虽然不可能也不需要全部集中某一国家或地区，但仍需要形成一定的空间集聚，以强化彼此间的分工协作，减少运输成本，促进连锁式的技术创新，稳固企业间关系。因此，产业链同时也具有空间链的形态特征，需要一定的地理空间范围作为产业链的承载体。产业链愈长、复杂程度愈高则所需要的地理空间范围愈大。从空间链角度来看，高水平的产业链体现为一国或地区在本国和本地区特别是本地范围内形成一定产业集聚并形成分工体系。本土产业分工体系愈完善，则产业链的整体效率、可靠性愈高。

因此，广义的产业链包括加工制造链、价值链、供应链、创新链、企业链和空间链，是一个"1+5"的产业链系统。在这个系统中加工制造链是核心，其他5链都是由加工制造链派生出来的，同时又是加工制造链形成和发展必不可少的条件。加工制造链与价值链、供应链、创新链、企业链、空间链协同融合发展是产业链发展的内在规律，产业链的构建需要系统推进。

二、对成都推进产业建圈强链的建议

成都应当充分认识产业链发展的特点和规律，以"1+5"模式推动产业建圈强链。一是建强加工制造链。通过梳理产业链路线图把握企业之间技术经济联系的所有环节和全过程，着力培育、引进和支持对加工制造链具有掌控能力的龙头企业、掌握产业链关键核心技术的企业，延长和补齐产业链，提高产业链的自主可控性。二是提升价值链。抢占产业的价值链高端，推动产业向全国和全球价值链中高端迈进，提高产业价值创造能力，提升产业经济效益。三是完善供应链。围绕加工制造链打通供应链，建立多元化的供应链体系，增强加工制造链与供应链的适配性，保障加工制造链供应稳定可靠，提高产业链的韧性。四是布局创新链。围绕产业链部署创新链，围绕创新链布局产业链，推动产业链与创新链深度融合，突破产业链关键核心技术，推动产业链连锁式的整体技术创新，引领产业链发展的方向。五是稳固企业链。推动产业链上的企业之间由纯粹的市场交易关系向准市场关系、产权关系迈进，形成更加稳定的市场供求关系，提升与产业链相适应的企业链组织水平。六是优化空间链。立足全市、成都都市圈、成都平原经济区和成渝地区双城经济圈，建立和完善具有优势的本土产业分工体系，提高加工制造链的整体效益，以相对完整的本土产业分工体系参与全国和全球的产业分工，提高产业竞争实力。

探索构建以产业链为基础的多链融合研究模型

成都市工业经济和信息化研究院 严 俊 成小梅

多链融合是一种系统思维、维度思维。随着链条增加，融合产物的复杂程度将呈现指数级变化。本研究尝试借鉴数学概念中多维欧几里得空间（以下简称"多维欧式空间"）、多维向量空间的表现与分析方法，将不同链条视为单个维度，链条叠加与融合则可看作从一维升至高维。按照全市建圈强链行动，建立以产业链为基础的多链融合模型，探索提供"图像化""工具化"研究模型，旨在找到发展着力点精准施策，助力全市以重点产业链为主线，稳定供应链、配置要素链、培育创新链、提升价值链，打造一批具有国际竞争力的先进制造业产业集群。

一、以数学思维理解多链融合关系

"以产业链为主线，稳定供应链、配置要素链、培育创新链、提升价值链"是超越一般线性分析产业链的系统性研究范式。为理解和解释多链融合的具体过程与结果，开展从低维到高维逐层升维的具体推演，将融合后的分析对象抽象转化为空间点，类比五维向量进行阐述。从现实意义看，升维分析能够抽丝剥茧解构不同维度下的链条间关系，逐层明确下一步发展重点，也揭示出政策制定的内在严密逻辑，有利于更清晰理解和把握不同阶段工作的重点、特征及规律。

五维欧式空间是一个抽象的数学空间，由易感知、理解的二维、三维拓展而来，其中分布着无数个点，全部点构成一个整体，按照解析几何、向量空间的分析方法，可以用一个五元有序实数组表示空间中每个点及其所在位置。借鉴拓展数学概念，以产业链、供应链、要素链、创新链、价值链分别建立维度，构建五维向量空间，数组即可代表某一确定点，如X_1、X_2、X_3、X_4、X_5分别表示该点在产业链、供应链、要素链、创新链、价值链中对应的位置，每个点是五链融合整体的一个组成部分。

二、以产业链为基础分别建立一维空间

产业链维度。产业链作为核心链条，也是研究的基础链条。以装备制造为例，围绕整机制造展开全链条分析，包括上游的研发设计、原材料，中游的零部件生产和系统整机制造，下游的销售、维护维修等众多环节（如图1所示），将各环节作为链上节点，用"C+序号"表示节点坐标，如点C_1代表环节1，即是研发设计。

研发设计 → 原材料 → 零部件生产 → 系统整机制造 → 销售 → 维护维修

图1　产业链维度示意图——以装备制造为例

供应链维度。围绕产业链中涉及原材料、中间产品等生产加工、生产服务展开，根据提供材料或服务的层次将供应商划定为一级供应商、二级供应商，并以此类推（如图2所示）。用"G+序号"表示坐标，如G_2代表二级供应商。

一级供应商 → 二级供应商 → 三级供应商 → ……

图2　供应链维度示意图

创新链维度。主要围绕产业链各个环节形成创新活动，创新链将推动产业链各环节升级迭代。创新链包括原材料创新、加工技术创新、生产模式创新、产品融合创新等（如图3所示）。以创新的不同层次应用划定节点，用"X+序号"表示坐标，如X_3代表生产模式上的创新。

原材料创新 → 加工技术创新 → 生产模式创新 → 产品融合创新

图3　创新链维度示意图

价值链维度。企业和行业只有不断往附加价值高的环节移动与定位才能持续发展，保持竞争优势。根据微笑曲线原理，主要划分为专利、技术—零部件制造—组装制造—市场品牌服务等环节（如图4所示），各环节创造价值的能力不同，能够形成高附加值的"战略环节"是企业和行业竞争关键环节。节点坐标用"J+序号"表示，如J_1代表某行业专利、技术增值环节。

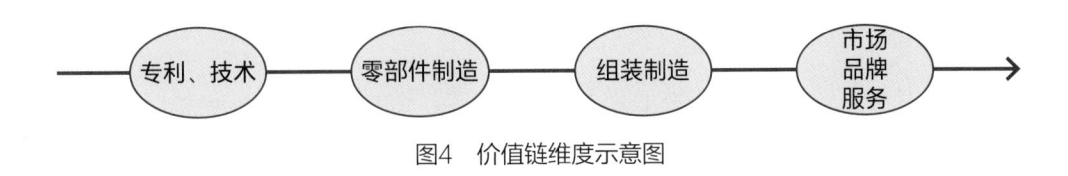

图4 价值链维度示意图

要素链维度。从支撑产业发展的角度出发，选择关联性大、敏感度高的要素，结合"双碳"目标，在人才、金融、土地、政策等关键要素的基础上，将能源和环境作为构成该链条的节点（如图5所示）。用"Y+序号"表示坐标，如Y_3代表土地。

图5 要素链维度示意图

鉴于本次研究核心在产业，选择产业链作为第一个维度建立一维空间。基于对产业链一维空间的分析，通过判断环节发育程度、有无缺失，有助于精准找到全链条发展中的薄弱点，有针对性地开展产业链补链强链。针对成都市电子信息产业链及关键环节进行梳理并绘制成图（如图6所示），初步明确了未来的重点发展环节及发展方向。

三、保障供应稳定，建立双链交织的二维空间

在产业链维度基础上，叠加供应链维度，建立二维空间，简称"产业平面"。产业平面上共有18个节点，每个点都是双链融合后的分析对象，可以用一组二元坐标表示，例如点O（C_2，G_1），指某产业原材料环节的一级供应商（如图7所示）。

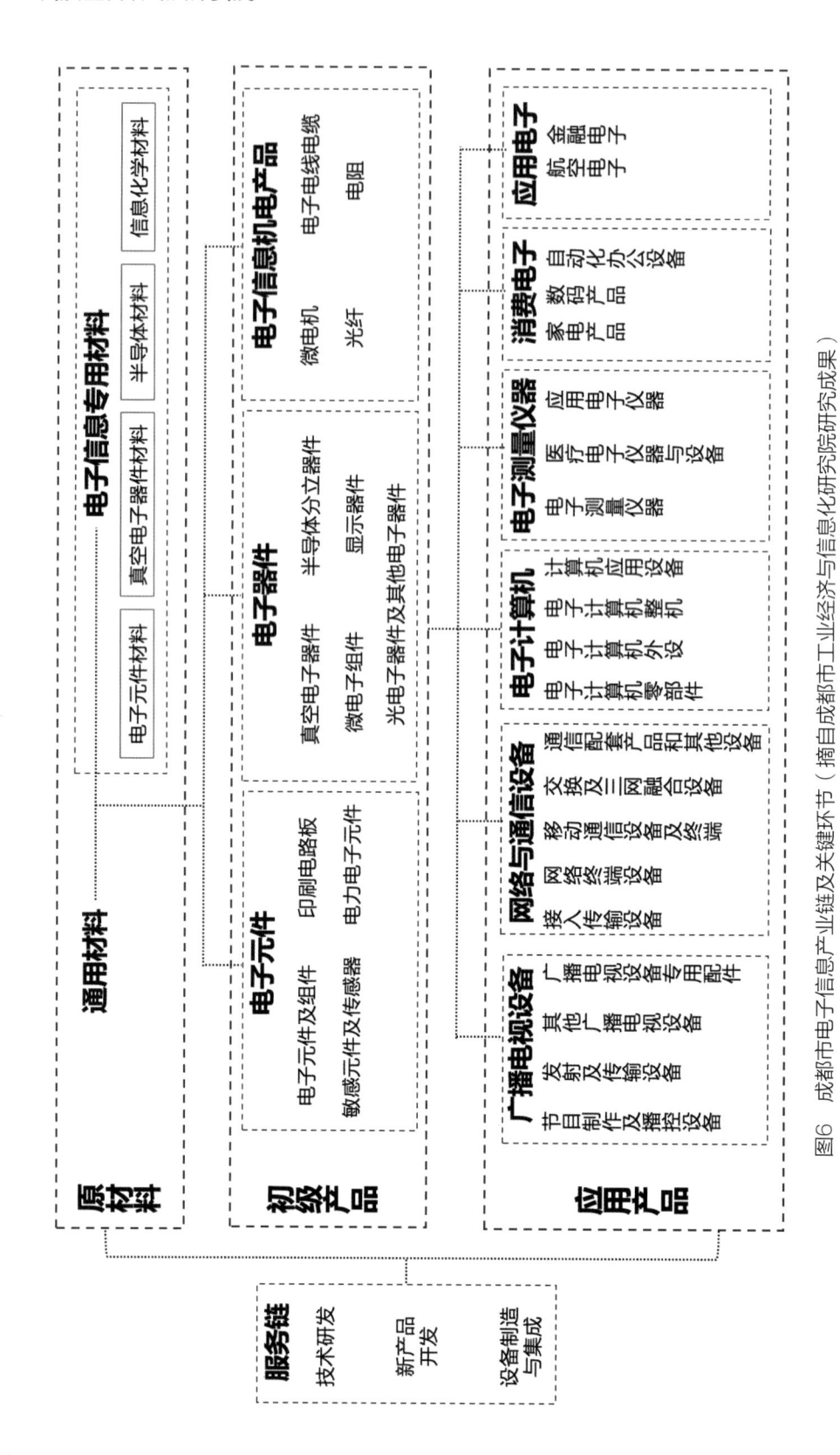

制造业建圈强链
——高质量发展的成都实践

原材料

通用材料

电子信息专用材料
- 电子元件材料
- 真空电子器件材料
- 半导体材料
- 信息化学材料

初级产品

电子信息机电产品
- 微电机
- 光纤
- 电子电线电缆
- 电阻

电子器件
- 真空电子器件
- 微电子组件
- 半导体分立器件
- 显示器件
- 光电子器件及其他电子器件

电子元件
- 电子元件及组件
- 敏感元件及传感器
- 印刷电路板
- 电力电子元件

应用产品

广播电视设备
- 节目制作及播控设备
- 发射及传输设备
- 其他广播电视设备
- 广播电视设备专用配件

网络与通信设备
- 接入传输设备
- 网络终端设备
- 移动通信设备及终端
- 交换及三网融合设备
- 通信配套产品和其他设备

电子计算机
- 电子计算机零部件
- 电子计算机外部设备
- 电子计算机整机
- 计算机应用设备

电子测量仪器
- 电子测量仪器
- 医疗电子仪器与设备
- 应用电子仪器

消费电子
- 家电产品
- 数码产品
- 自动化办公设备

应用电子
- 航空电子
- 金融电子

服务链
- 技术研发
- 新产品开发
- 设备制造与集成

图6 成都市电子信息产业链及关键环节（摘自成都市工业经济与信息化研究院研究成果）

-202-

第四篇 专题研究篇

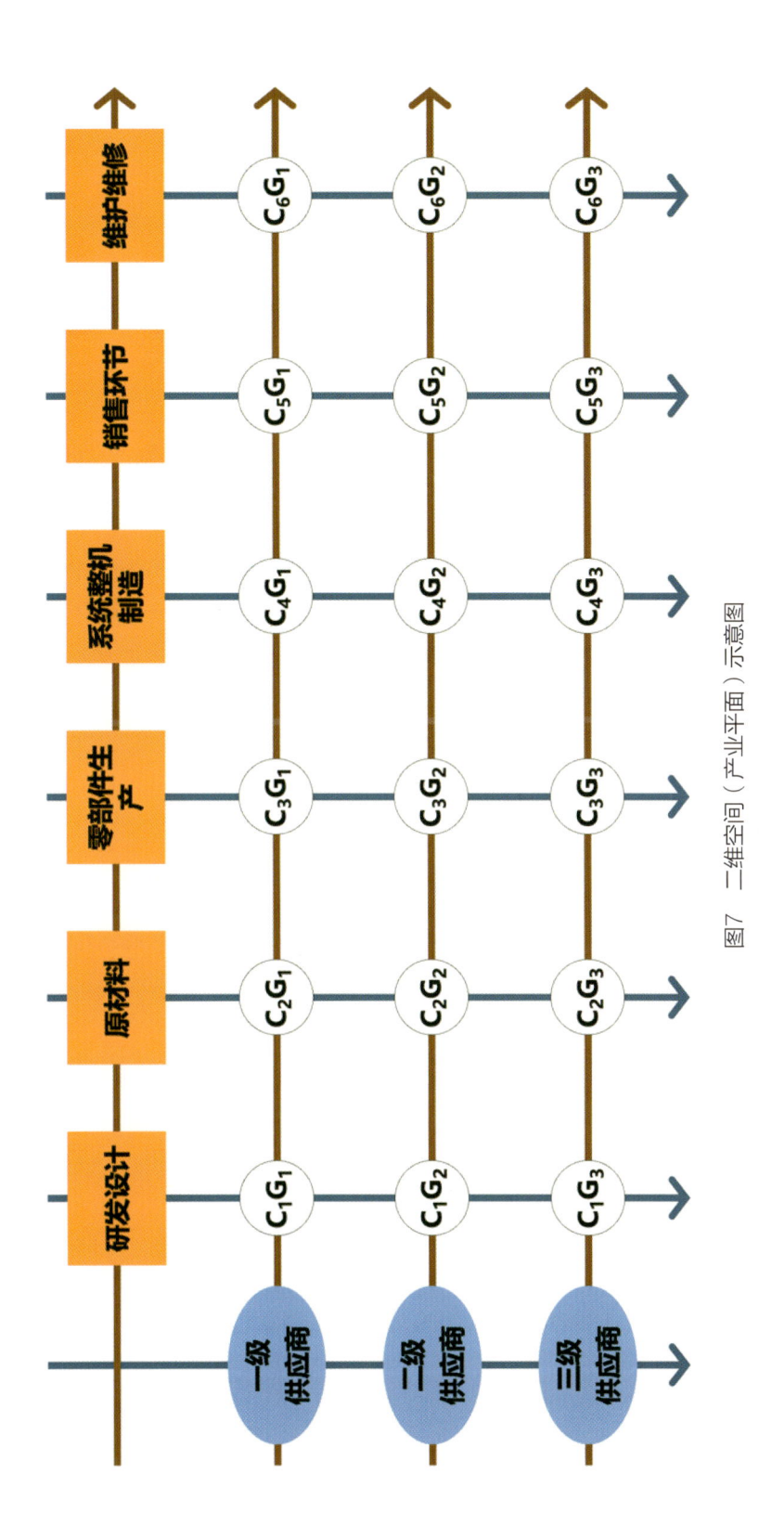

图7 二维空间（产业平面）示意图

-203-

通过建立产业平面，分析产业链各个环节在既定区域范围内多级供应商情况，能够清楚掌握"链主"企业和重点企业在当地对配套企业的需求与带动情况，并进一步形成招商目标对象，判断产业发展的根植性和供应链安全性水平。在具体分析实践中，以成都市集成电路产业链全景图谱（如图8所示）为例，围绕集成电路从IC设计到芯片制造、封装测试、应用终端，梳理成都市在不同环节的企业集聚，对标行业水平找准产业链关键短板、突破方向和初步招商对象。增加区域维度，以资阳口腔医疗产业为例，通过图示对比研究成渝两地产业链情况，可找准自身产业协同的具体方向和环节（如图9所示）。

四、聚焦创新驱动，建立三链环绕的三维空间

将产业平面叠加创新链维度，建立三维空间，简称"产业立方"。其中共有72个节点，可以用3个坐标表示，例如点 $P(C_3, G_2, X_3)$，表示零部件制造环节的二级供应商（如图10所示），该节点出现生产模式创新。对产业立方点开展分析时，可根据既定区域的创新资源和企业能力进行研究，精准梳理出不同产业链环节在不同创新层次上的现有基础和发展优劣势，有助于找准既定区域具有创新增长能力的突破环节。

通过产业立方建立，将区域的产业资源和创新资源进行精准对接，可有效破解产业和科技"两张皮"问题。同时结合国家和省"卡脖子"环节的技术攻坚需要和本地重点产业链的创新需要，可深度演进，明确区域在不同材料、技术、工艺、产品领域的创新方向和具体任务，有助于充分利用本地创新资源，形成围绕产业链部署创新链的发展路径。

五、提升价值产出，建立四链叠加的四维空间

在产业立方基础上增加价值链维度，构建四维空间，简称"产业立方列"。产业链、供应链、创新链和价值链共有288个节点，可以用4个坐标表示，例如点 $Q(C_3, G_2, X_2, J_4)$，其含义完整表述为：在某产业的零部件制造环节的二级供应商情况、加工技术创新情况、这个点上价值增值水平。其中，为便于理解与图形化展示，示意图中以实体替代产业立方（如图11所示）。

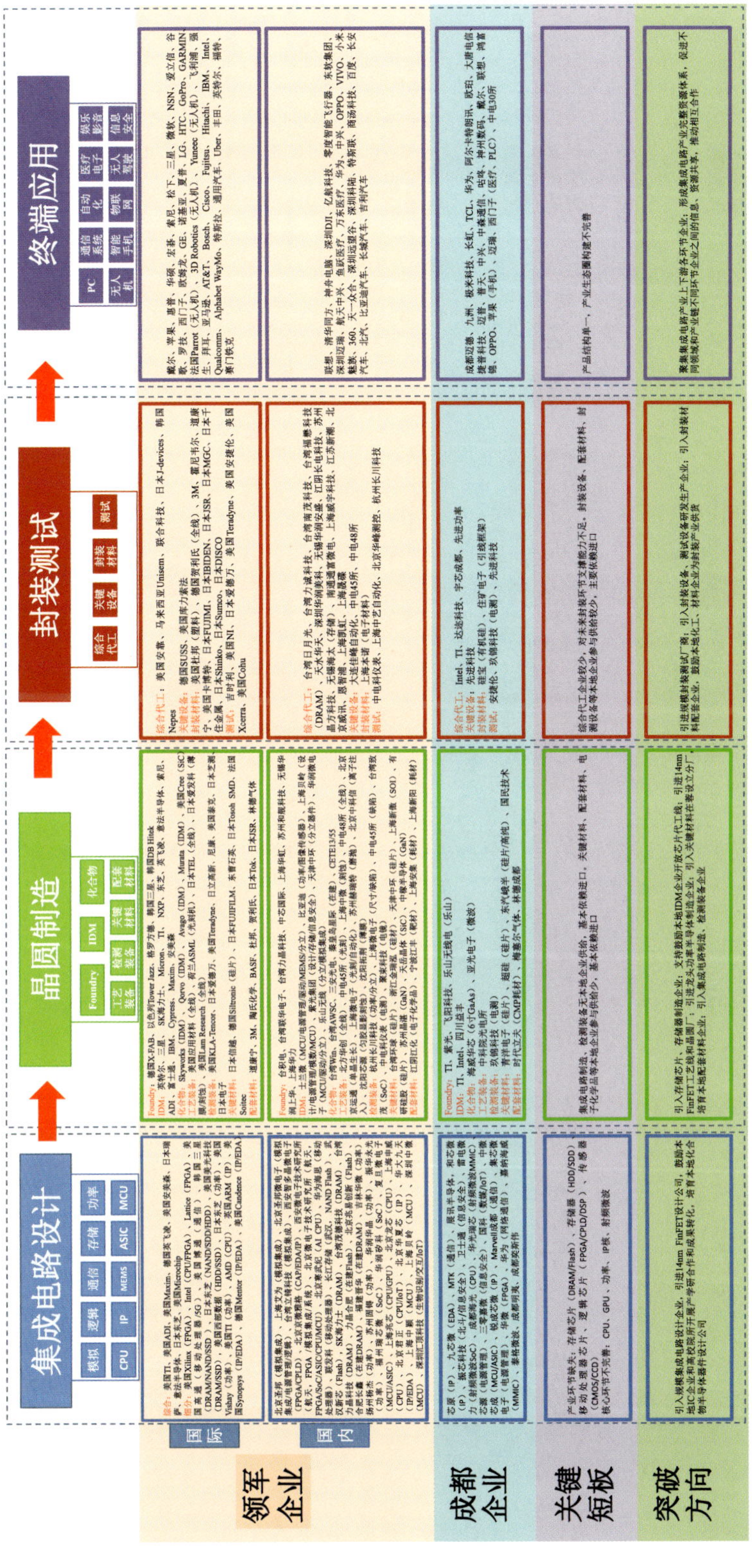

第四篇 专题研究篇

图8 成都市集成电路产业链全景图谱（摘自成都市工业经济与信息化研究院研究成果）

-205-

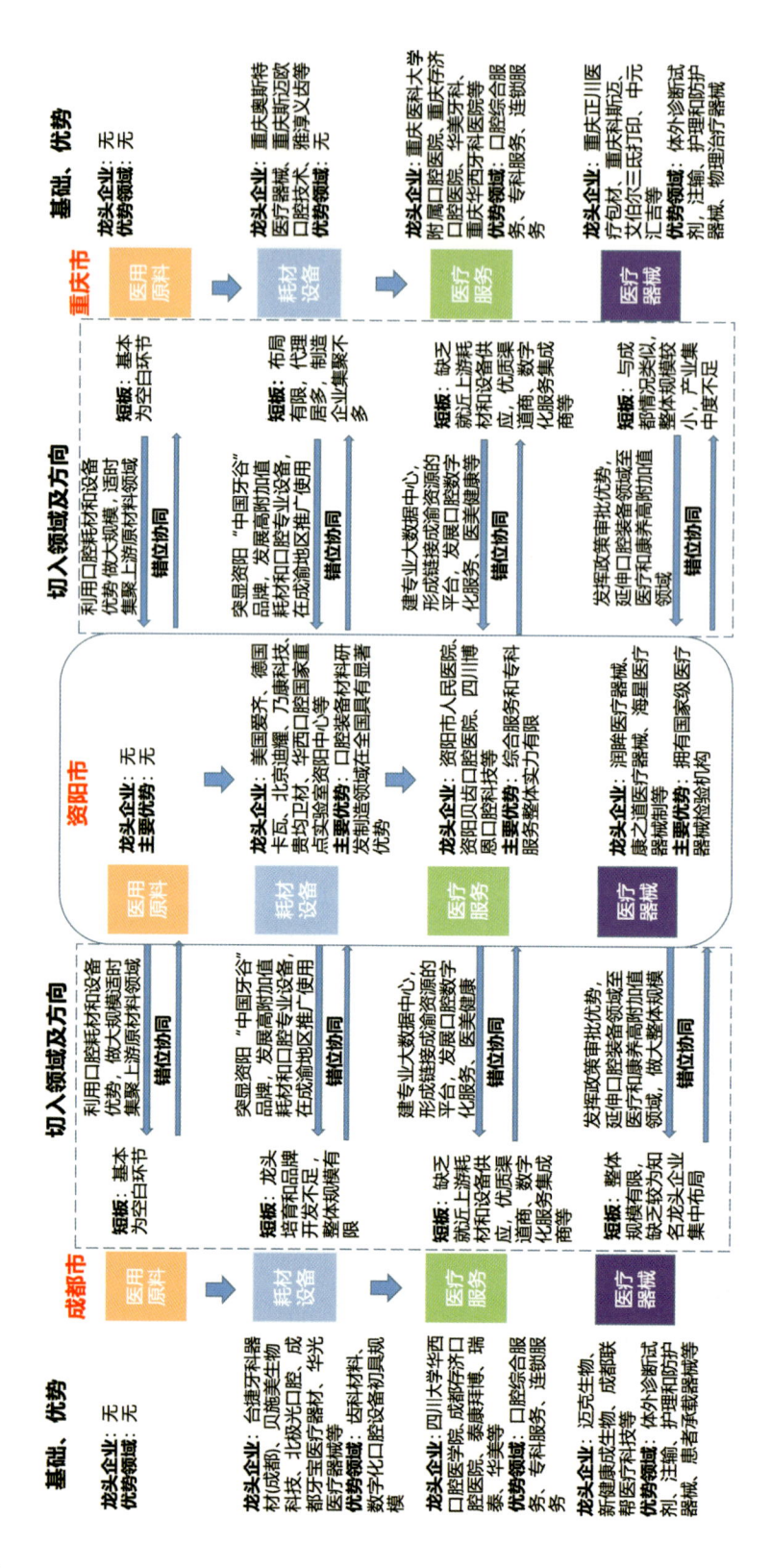

制造业建圈强链
——高质量发展的成都实践

图9 资阳市口腔医疗产业融入成渝前地区双城经济圈建设耦合图
（摘自成都市工业经济与信息化研究院研究成果）

-206-

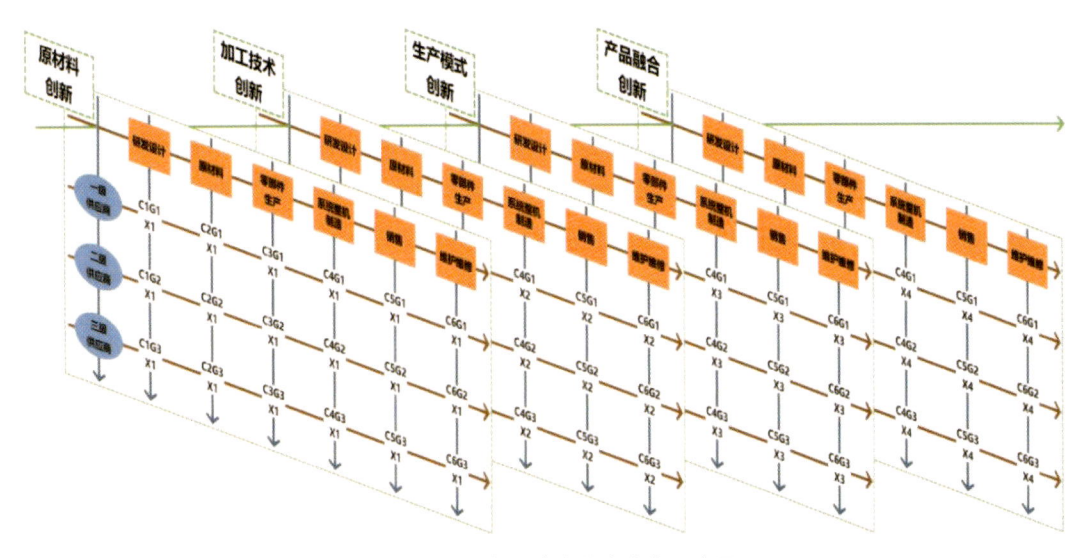

图10 三维空间（产业立方）示意图

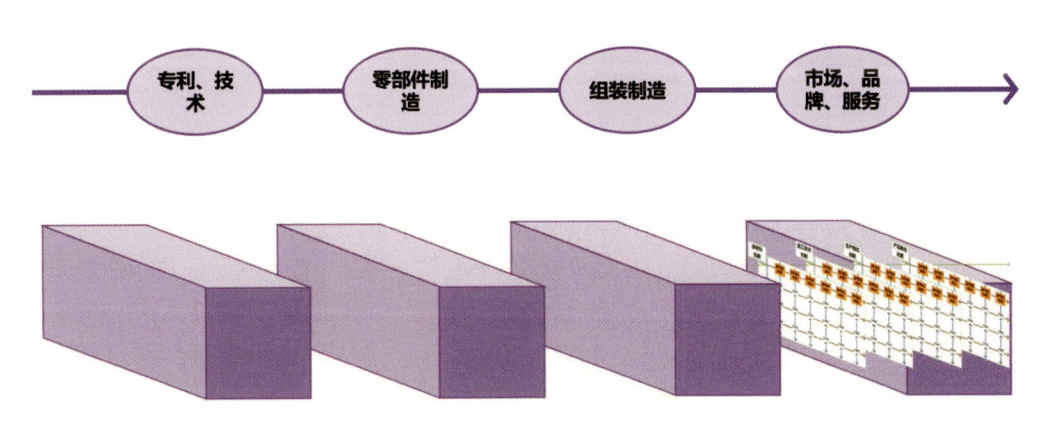

图11 四维空间（产业立方列）示意图

升维至产业立方列，通过叠加价值链分析，有利于找到某个点的附加值水平。在具体研究过程中，可重点关注研究产业链和价值链关系，基于上游研发设计、原材料，中游零部件生产加工和系统整机制造，下游销售、维护维修等环节，梳理不同环节的掌握专利技术的增值水平、零部件制造和组装制造附加值水平、后端市场品牌增值能力。

六、精准要素配置，建立五链融合的五维空间

类比从一维空间到二维空间建立，基于产业立方列增加要素链维度，构建五维空间，简称"产业立方阵"。产业链、供应链、要素链、创新链、价值链融合共有1728个节点，如点H（C_1，G_2，X_3，J_4，Y_5），可理解为是在点Q（C_1，G_2，X_3，J_4）在既有内涵基础上，增加了要素类别中"能源"的内容（如图12所示）。

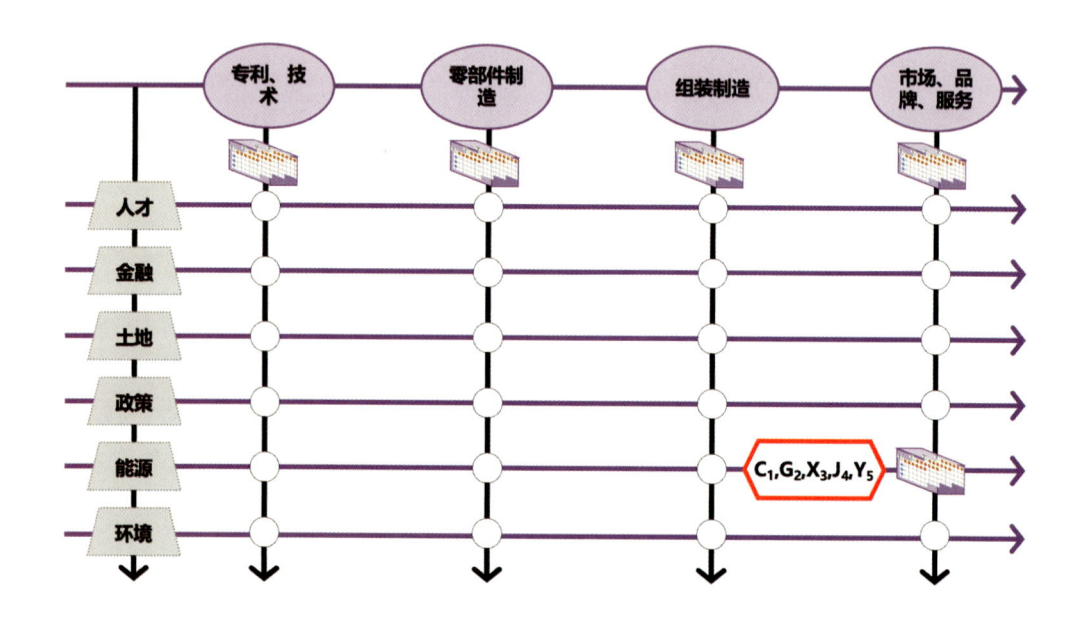

图12 五维空间（产业立方阵）及单个节点示意图

通过绘制产业立方阵，每个点均带有五链融合的属性，整体形成融合的理想状态，以点H（C_4，G_1，X_4，J_4，Y_4）分析为例。第一步从产业链全部环节分析中，找到点C_4，即系统整机制造。第二步建立产业平面，可梳理该环节拥有链主企业和一级供应商情况，例如用于成都民用整机制造研究，可发现该环节属于缺失环节。第三步建立产业立方，例如用于航空发动机研究，可发现该环节拥有以624所为代表的发动机研究机构和相关创新平台，以进一步确定该环节创新方向、技术攻坚任务等。第四步建立产业立方列，以价值链高端环节研究产业竞争力问题，例如用于集成电路研究，可推演出成都集成电路产业链不同环节附加值水平，发现封装测试环节营收占比接近90%，但该环节整体附加值不高，导致集成电路整体增值能力不强，下一步发展重点应倾向于IC设计、晶圆制造等高附加值环节。第五步建立产业

立方阵，对应上述四维，可研究形成不同维度不同环节的要素敏感情况，并有针对性地制定相应政策，例如用于集成电路产业研究，在发现设计和晶圆制造是产业支持重点后，针对IC设计环节制定更加聚焦高层次人才、团队引入的政策，围绕晶圆制造环节制定更加聚焦先进生产线项目招引的政策。

多链融合模型是基于数学思维探索建立的理想型研究工具。在全市20个重点产业链的研究中，可根据不同的产业特性、发育情况、研究需求等，以产业链的一维空间作为基础，选择个别维度进行组合分析，力求精准摸清产业链的前沿趋势、链主企业、技术路线、领先人才、产业基金、用地与能耗、本地平台资源优势等情况，为全市产业链锻长板、补短板、提升现代化水平提供研究支撑，形成下一步的发展指引和工作指南。

关于精准"链主"选择和培育，推动产业建圈强链的思考

成都市工业经济和信息化研究院　陈　杰　熊雪朋

"链长制"是以"链长"为总牵头，以产业链作为产业治理对象的产业链责任制，是地方政府为增强产业链供应链韧性，在产业治理方面的重要制度创新。"链主"作为实施"链长制"的核心，是产业链的"火车头"，具有产业链的整合力、供应链的掌控力和创新链的溢出力等作用，抓好"链主"就等于抓住了产业链的"牛鼻子"。

一、产业链"链主"内涵及特征

（一）"链主"的内涵

"链主"这一概念已经提出较长时间，但学术界和产业界对其理解和定义尚未统一。清华大学五道口金融学院副院长田轩认为，"链主"是指在产业发展过程中能够充分利用外部资源、发挥自身比较优势，逐渐具备某一产业上中下游核心凝聚力的企业。南京大学经济学教授高波认为，"链主"处于产业链核心地位，能够协调产业链上各个节点的活动，使整个产业链作为一个有机整体正常运行。深圳将系统集成能力强、市场占有率高、产业链拉动作用大、年产值不少于100亿元的制造业企业作为"链主"企业重点支持。广州将对地方产业发展促进作用大、组织实力强的行业联盟、协会及科研院所等纳入"链主"认定范围。综合现有研究成果，结

合地方实践，我们认为"链主"是占据产业链核心，拥有供应链主导地位，能够协调产业链上下游各环节，整合区域产业生态相关主体，推动产业链延伸、价值链提升、供应链融通，支撑产业生态系统有机运行的企业、科研院所或行业协会。

（二）"链主"的特征

"链主"要基本满足以下一个或多个特征：

一是在产业链中具有资源整合能力。"链主"在产业链中具有核心竞争优势，能够促进产业链关键资源、共性要素整合共享，牵引同类企业集聚发展，带动产业链上下游大中小企业实现分工协作发展，可以是行业龙头企业、产业链某关键环节核心企业或具有较强资源整合能力的协会/机构等。

二是在供应链中具有关键要素掌控力。"链主"对整个供应链的信息流、物流、资金流、业务流等具有较强控制力，能够通过价格控制、营销渠道建立和标准制定等手段，直接或间接影响供应链上大部分企业的商业行为，对打造区域供应链体系，提升整个供应链绩效具有重要作用。

三是在创新链中具备较强创新溢出能力。在产业的基础创新、应用创新等方面，"链主"具有较强的自主创新能力或成果转化能力，能引领产品迭代、工艺突破和产业革新，同时能带动产业链上下游协同创新，实现一个产品催生一个产业。

四是在产业集群中具有较强的赋能特点。"链主"的产品或服务矩阵具有一定的公共属性和"外部经济效应"，能为产业链上下游或左右岸提供平台、数据等服务支撑，对不同规模和类型的企业产生集聚作用，形成以"链主"为核心的网状产业集群结构。

二、国内部分省市"链主"选择和培育的典型做法

为加快产业基础高级化、产业链现代化，湖南、浙江、广州、青岛等省市先后实施"链长制"，配套出台相关支持政策，根据自身产业基础，开展"链主"选择和培育，强化"链主"在稳链补链、促进经济发展的动力引擎作用。

（一）立足产业基础优势，遴选企业型"链主"

分析全国各地公布的"链主"企业名单发现，各地区在明确重点产业链范围后，按照企业规模居前、产业链影响带动作用大、根植性强等综合标准，选择企业

型"链主"。重庆围绕新能源和智能网联汽车、摩托车、新型显示、集成电路等33条重点产业链，首批确定75家"链主"企业，其中汽车产业链由长安、东风小康等担任"链主"，摩托车产业链由力帆和宗申等担任"链主"，新型显示产业链由惠科金渝和重庆京东方等担任"链主"。青岛围绕智能家电、轨道交通装备、集成电路、新型显示等24条重点产业链，首批确定47家"链主"企业，其中智能家电产业链由海尔智家、海信等担任"链主"，虚拟现实产业链由歌尔科技担任"链主"（如表1所示）。

表1 部分省市企业型"链主"

行业	产业链	链主	典型省市
装备制造	汽车	长安、吉利、宇通等	重庆、杭州、郑州等
	轨道交通	中车青岛、中车株洲等	青岛、株洲等
	航空发动机	西航集团、湖南航天、中航发南方工业等	西安、长沙、株洲等
	工业无人机	大疆、纵横股份、西安爱生等	深圳、西安等
电子信息	集成电路	中芯国际、华虹半导体、士兰微等	上海、杭州等
	新型显示	京东方、TCL华星等	重庆、青岛、武汉等
绿色食品	白酒	茅台、五粮液、泸州老窖、酒业协会等	贵州、宜宾、泸州等
	饮料	农夫山泉、娃哈哈等	杭州等
新材料	新能源电池材料	宁德时代等	宁德等
	先进金属材料	江西铜业、西南铝业等	重庆、南昌等
平台行业	工业互联网、电子商务	阿里巴巴、腾讯、树根互联、海尔等	杭州、深圳、广州、青岛等

（二）发挥行业组织力量，确定非企业型"链主"

部分省市拥有组织能力较强的产业联盟、协会或与当地产业深度融合的高校、科研院所，其在促进地方产业发展中发挥着重要作用，因此选择具有较强影响力、创新溢出力或资源整合能力的行业联盟、协会、高校和科研机构等非企业主体承担"链主"职能。广州规定"链主"可由协会和联盟、科研院所等担任，同时可设置"分链主"，其中超高清视频及新型显示和现代高端装备等4条产业链"总链主"、服装和珠宝首饰等13条细分产业链"分链主"均由产业联盟、行业协会、科研院所担任。河南确定"链主"可由省内在该产业链具有重要影响力的联盟、协会或商会担任，其中先进金属材料、5G及先进计算和节能环保装备等9条产业链"链主"均由10家产业联盟、行业协会、商会和高校担任（如表2所示）。

表2 部分省市非企业型"链主"

行业	产业链	链主	典型省市
装备制造	汽车	河南省汽车行业协会等	河南等
装备制造	轨道交通	广州市轨道交通产业联盟等	广州等
装备制造	航空发动机	中航发湖南动力机械研究所等	株洲等
装备制造	节能环保装备	河南省绿色制造联盟等	河南等
电子信息	集成电路	广州半导体协会等	广州等
电子信息	新型显示	广州超高清视频产业促进会等	广州等
电子信息	5G	河南省5G产业联盟等	河南等
新材料	绿色建材	河南省耐火材料行业协会、河南省建筑材料工业协会等	河南等
新材料	先进金属材料	河南省有色金属行业协会等	河南等
生物医药	生物医药（含现代中药）	河南中医药大学、广州市生物产业联盟等	河南、广州等
生物医药	高端医疗器械及卫材	河南省医疗器械商会、广州市生物产业联盟等	河南、广州等
现代轻纺	服装服饰	河南省纺织行业协会、广东省服装服饰行业协会等	河南、广州等

（三）结合产业发展需求，梯度培育"链主"

各地基于产业生态情况开展"链主"培育，针对产业生态较为完善的产业链，支持龙头或"链主"企业发挥引领带动作用，推动区域产业集聚；对产业生态较为薄弱的产业链，支持专精特新中小企业和专精特新"小巨人"企业积极抢占关键核心环节，承担"链主"功能。重庆提出支持专精特新企业参与全市产业基础再造工程和制造业强链补链行动，联合科研院所、投融资机构等开展技术研发攻关，并设立专项投资基金给予资助；针对领军（"链主"）企业滚动制定重点培育企业清单，形成"一企一策"支持方案。青岛提出开展重点企业入库培育工作，针对入库的"链主"企业、核心（配套）企业和新锐企业，在创新发展、项目建设、融资、市场开拓等领域分别给予政策支持；以签订有偿招商代理服务协议模式，为参与招商引资的协会商会提供资金保障。广州提出建立"链长+链主"协作推进体系，加大"链主"企业产业用地供应力度，推行"一条产业链一家主办银行"工作机制以保障资金需求，同时提高"链主"企业和核心配套企业的政府投资基金投资比例。

（四）突出稳链补链作用，明确"链主"职责

各地在实施"链长制"的过程中，对"链主"在产业链发展中的职责进行了明确界定。广东建立"链主"竞争淘汰机制，实行动态管理，每年评选一次，有效期3年，入选"链主"要承担以下职责：要协助产业集群咨询机构绘制产业链图谱，摸清产业链供应链弱项短板，明确产业发展方向和招商重点；要牵头组织开展核心技术攻关，破解"卡脖子"难题；要强化产业链上下游协作，带动大中小企业融通发展；要深化产业链国际合作，提升产业链供应链韧性。河南主要从协助"链长"开展工作、推动产业链协同等方面明确"链主"职责：要组建重点产业链联盟，参与规划、产业政策、工作方案等拟订工作，并提出意见建议；要落实产业链联盟会商制度，牵头搭建企业供需对接平台，开展产业链瓶颈制约与共性难题攻关；要维护企业合法权益，依法合规护链稳链，树立良好产业链联盟形象。

三、思考建议

当前，成都正大力实施产业建圈强链行动，要求"链主"企业进一步提升发展能级、增强牵引带动能力，行业协会进一步提高其产业资源整合能力，推动重点产业降本增效和集聚提能。未来应围绕全市产业建圈强链工作部署，精准开展"链主"选择，强化"链主"引育，做强产业链核心。

（一）分类开展"链主"选择

立足全市重点产业发展基础，根据不同产业链特性，开展"链主"选择，在企业规模指标基础上，更加突出供应商牵引能力、创新溢出能力等维度指标，同时建立"链主"动态管理机制。如装备制造、智能终端等产业链条长、供应链体系成熟、本地拥有大型终端产品生产企业的产业领域，可选择终端产品生产企业作为"链主"。如生物医药等产业链条短、创新水平高、人才依赖度强和资本投入高的产业领域，可选择具有较强创新能力的科研院所、专业投资机构或产业平台型企业作为"链主"。如绿色食品等产业链较短、供应商数量少、品牌带动效应强的产业领域，可选择具有较强行业影响力品牌产品生产企业或具有较强资源协调能力的行业协会作为"链主"。如新能源等创新迭代快、本地没有大型终端产品生产企业的新兴产业领域，可选择对行业具有重要控制力的中间环节企业或具有较强创新溢出能力的高校院所作为"链主"。如工业互联网等终端用户规模依赖度高的产业领域，可选择具有资源整合能力的平台型企业作为"链主"。

（二）强化落实"链主"责任

结合产业建圈强链需求，按照"链主"的不同类型，确定"链主"责任。协助产业链"链长"绘制产业图谱，梳理产业链供应链断点、堵点，明确产业链发展痛点，研究制定重点攻关项目清单名录。企业型、科研机构型"链主"发挥创新引领作用，主动围绕产业链"卡脖子"环节，加大重要产品和关键核心技术攻关力度，建成一批中试熟化平台，形成一系列产品级、行业级创新成果。参与产业政策制定和招商引资活动，开展产业链上下游关键核心配套企业招引，提升产业链本地配套率。按照"链主"遴选入库标准，对"链主"开展定期考核和动态管理，对考核期内未能满足遴选入库标准的主体，将取消"链主"称号，不再享受"链主"支持政策。

（三）着力推进"链主"招引

围绕全市制造业重点产业链，系统梳理"链主"缺失及薄弱领域，建立产业链"链主"招引名录以及关键环节项目清单。鼓励产业链市级牵头单位、区（市）县和产业园区加强协作，整合政策资源，形成招引合力，围绕重点产业链"链主"

企业（项目），量身定制招引政策，实施精准招引。支持产业联盟、行业协会做大做强，拓展招商引资功能，对于引进"链主"企业或核心配套企业落地的单位实施奖补支持。鼓励国有平台通过投资（参股）、并购等方式补链强链延链，招引"链主"企业或关键环节骨干企业落地。

（四）精准实施"链主"培育

健全"链长制"工作机制，设立"链长+市级部门+区（市）县+园区"的"链主"培育专班，针对"链主"发展需求，开展"一链一策"，为"链主"企业提供专属服务。对"链主"企业补链强链重大项目优先列入省市重大产业项目，在土地、能耗、环保容量等要素上予以保障。支持成都市重大产业化项目投资基金向"链主"企业及项目倾斜，引导各类金融机构围绕"链主"企业需求，创新各类金融产品及服务。加强对部分行业产业协会支持力度，强化协会/联盟产业建圈强链职能，支持企业与科研院所、产业联盟组建产业联合体，共同构建产业发展生态。

参考文献

［1］习近平．国家中长期经济社会发展战略若干重大问题［J］．求是，2020（21）：4-10．

［2］习近平．习近平著作选读：第2卷［M］．北京：人民出版社，2023．

［3］卜伟海，夏志良，赵治国，等．后摩尔时代集成电路产业技术的发展趋势［J］．前瞻科技，2022，1（3）：20-41．

［4］陈英武，俞晓峰．产业链"链主"企业生态主导力提升路径研究——以江苏为例［J］．经济研究参考，2022（11）：59-68．

［5］赛迪智库．中国工业互联网平台发展形势展望［J］．软件和集成电路，2021（2）：59-61．

［6］张文剑，陈科，蔡凌曦．中国无人机产业生态链的协同发展研究［J］．技术与市场，2022，29（5）：133-135．

［7］殷丹妮．生物医药产业发展的创新加速趋势［J］．张江科技评论，2022（6）：12-15．

［8］中国信息通信研究院．人工智能白皮书（2022年）［EB/OL］．（2022-04-18）[2023-01-19]．https://www.scdsjzx.cn/scdsjzx/ziliaoxiazai/2022/4/18/d03a2d33b67d4c398ddfca504cf410ab/files/43b00b8feccd423ea2e2a4014e9d672a.pdf．

［9］俞斌．中国化工新材料产业发展态势及对策［J］．化工管理，2022（35）：61-63．

［10］谭永生．促进我国新材料产业高质量发展的对策建议［J］．中国经贸导刊，2022（10）：77-80．

［11］胡续楠．中国新材料产业集约化发展研究［D］．长春：吉林大学，2019．

后 记

《制造业建圈强链——高质量发展的成都实践》在成都市经济和信息化局成都市新经济发展委员会的指导下，由成都市工业经济和信息化研究院组织力量编撰完成，力求为政府部门决策提供参考。

本书各章撰写人员如下：严俊撰写前言；综合篇，章静伟撰写第一章，陈红君撰写第二章，高芸撰写第三章，杨琴撰写第四章；产业篇，熊雪朋撰写第五章，李雪霖撰写第六章，章静伟撰写第七章，瞿伟、胡岩撰写第八章，舒兵、贺千耘撰写第九章，杨勤撰写第十章，杨琴撰写第十一章，寇熙正撰写第十二章，张远岗撰写第十三章，陈杰撰写第十四章，谭永旺、成小梅撰写第十五章，陈秋慧撰写第十六章，成小梅撰写第十七章，余海东撰写第十八章，蒲玉撰写第十九章，严苗撰写第二十章，杨存撰写第二十一章；典型案例篇，杨勤撰写案例一，熊雪朋撰写案例二，李雪霖撰写案例三，谢雪梅、成小梅撰写案例四，陈杰撰写案例五；专题研究篇，曹茜芮撰写第一篇，李媛恒、裴宇撰写第二篇，盛毅撰写第三篇，戴宾撰写第四篇，严俊、成小梅撰写第五篇，陈杰、熊雪朋撰写第六篇。全书由王福平、严俊、刘爽总撰。欢迎广大读者对我们的工作提出意见和建议，我们将在以后的工作中予以弥补和完善。在《制造业建圈强链——高质量发展的成都实践》编写基础上，我们将持之以恒地关注、研究制造业建圈强链，及时开展2023年度蓝皮书撰写工作，力争提供更高质量、更高水平的蓝皮书，为成都产业建圈强链贡献力量。

编委会